前　言

俗话说"画虎画皮难画骨，知人知面不知心"。世界上最难懂的就是人心。如果我们掌握了一种"特异功能"——能在瞬间洞察他人内心的想法，无疑会成为人际交往和工作生活中的"超人"，左右逢源，无往不利。这并不是幻想，洞察人心的"秘笈"真实存在，说到底，它就是通过以微动作为代表的各种生活细节来分析和判断人们的真实想法与情绪变化，让我们在人际交往中洞察秋毫，占尽先机。那么，哪些生活细节可以帮助我们洞察人心呢？

最重要的就是包括表情动作、身体姿势在内的肢体语言信息，也就是微动作。作为世界上最强大的执法机构——FBI（美国联邦调查局）在与恐怖主义和各种犯罪做斗争的过程中，积累了丰富的解读肢体语言的经验，并进行了大量的科学研究，从而让狡猾的罪犯面对训练有素的FBI特工时，如同透明人一般，他们一举一动背后隐藏的所思所想都暴露在FBI特工的火眼金睛下。因此，向FBI学习微动作，是非常明智的选择。

本书结合生动的案例，全面介绍了FBI通过微动作透视人们内心世界的知识和方法，并将这些知识应用于我们的日常生活和人际交往。如果我们能掌握其中的精髓，学以致用的话，将给我们的人生带来莫大的帮助。

FBI
微动作

王利利◎著

台海出版社

图书在版编目（CIP）数据

FBI 微动作 / 王利利著 . -- 北京：台海出版社，
2017.3（2018.4 重印）

ISBN 978-7-5168-1358-4

Ⅰ . ① F… Ⅱ . ①王… Ⅲ . ①身势语—通俗读物
Ⅳ . ① H026.3-49

中国版本图书馆 CIP 数据核字（2017）第 065782 号

FBI 微动作

著　　者：王利利

责任编辑：王　萍　赵旭雯　　　　责任印制：蔡　旭

出版发行：台海出版社
地　　址：北京市东城区景山东街 20 号　　邮政编码：100009
电　　话：010 — 64041652（发行，邮购）
传　　真：010 — 84045799（总编室）
网　　址：www.taimeng.org.cn/thcbs/default.htm
E - mail：thcbs@126.com

印　　刷：北京嘉业印刷厂
开　　本：710 毫米 ×1000 毫米　　1/16
字　　数：222 千字
印　　张：16
版　　次：2017 年 6 月第 1 版
印　　次：2018 年 4 月第 2 次印刷
书　　号：ISBN 978-7-5168-1358-4
定　　价：39.80 元

目 录

第一章　FBI 教你读懂面部表情所隐藏的信息

第二章　FBI 教你无处安放的"手"之秘密

第三章　FBI 教你暗含玄机的腿脚信息

第四章　FBI 教你"实话实说"的肢体动作

第五章　FBI 告诉你习惯动作所流露的"心声"

第六章 FBI 教你通过兴趣爱好探寻内心

第七章　FBI 教你洞悉衣着打扮的"微"心理

第八章　FBI 教你看懂男女微动作传递的信号

第九章　FBI 教你看穿社交微动作的心理真相

第十章　FBI 教你通过言谈举止洞察内心

第一章

FBI 教你读懂面部表情所隐藏的信息

面部表情的变化是内心变化的"显示器"，它能够清楚地反映人们的情绪。FBI心理专家曾总结出这样一个公式：情感表达=7%的语言＋38%的语音＋55%的面部表情。可见，相较于其他身体部位，面部表情能够为我们提供更丰富、更有用的信息，从而让我们更清楚地了解他人的想法。

第一节 头部：窥探内心的"司令部"

在 FBI 审讯室中，一名谋杀案的犯罪嫌疑人面对 FBI 特工的审讯时，一直矢口否认自己谋杀了受害者，而且还做出一副事不关己高高挂起的样子。

只见他坐在审讯室的椅子上，头部向后仰着。这让 FBI 特工非常生气，认为他只是在做无谓的挣扎。可是，FBI 特工还是在嫌疑人回答问题时，找到了证明他说谎的蛛丝马迹。

当一名 FBI 特工问他有没有杀死被害人时，那名犯罪嫌疑人在摇头说"没有"之前先是轻轻地点了点头。

此时，FBI 特工立刻识破了他的真面目，对他说："别硬撑了，你刚才说谎的动作非常经典，很多撒谎的嫌疑人都会出现你刚刚的动作。当我问你问题时，你在摇头说'没有'之前而轻轻地点了点头。如果你再有所隐瞒的话，那么，谁也无法控制最后的结果……"

FBI 心理专家分析，摇头之前轻轻地点头，这是人下意识的反应。大部分撒谎的人面对别人提出"是不是做了什么"的质问时，都会在摇头否定之前下意识地做出对方几乎无法察觉的点头动作。案例中的 FBI 特工正是捕捉到了嫌疑人这一不易觉察的细微头部动作，才识破了他的谎言。

另外，当嫌疑人坐在审讯室的椅子上，头部向后仰着时，是一种挑衅的态度。他的这种行为让 FBI 特工非常不满，更加想要尽快将其绳之以法。

头部被誉为人体的"司令部"，指挥着人们的口头语言和肢体语言。因此，它是人们在交流中最为关注的重点。同时，从某种程度上说，头部动作能够让我们敏锐地捕捉到最为准确的心理信息，可以借此洞察人心。加拿大吉尔大学的研究人员经过研究也发现，人在说话时，头部的一些微动作能够反映人们内心的真实情感。

在实验中，研究人员首先通过一种三维动作捕捉设备对一些歌手在说话或是唱歌时的动作进行录像。然后，他们对视频进行处理，将歌手们的声音和面部表情全部隐藏。最后，研究人员邀请了一些人员参加测试，让他们根据歌手们的头部微动作来判断他们当时的情感变化。

实验结果显示，那些参与实验的受试人员能够根据歌手的头部动作很快判断出他们的情感变化。这一实验表明，当人们在说话的时候，头部的微动作能够反映出人们内心的真实情绪。另外，这也表明在日常生活中，我们可以根据对方的头部动作推理说话者的内心变化。

除此之外，还有哪些头部的动作会反馈重要的信息呢？下面，我们就来分析一下：

头部向前伸

头部向前伸有两层含义：一种是满怀爱意的心理，另一种是满怀恨意的心理。前一种是指两个彼此相恋的人，会让自己的头部向前伸并专注地凝视对方，因为他们非常享受当下的美好时光；后一种是指两个有冲突或有仇的人，他们头部向前伸，并且怒目圆睁地瞪着对方，以表达自己满腔的仇恨。

头部向后仰且下巴向外突出

头部向后仰且下巴向外突出是一种挑衅的动作。有 FBI 心理专家分析，一个人将头部向后仰是摆出一副势利小人的姿态。另外，这一动作还表示对自己相当自信，彰显骄傲的外表。不过，FBI 心理专家建议这种动作最好少用，因为骄傲的外表和挑衅的姿态会让人不愿与其接近。

摇头

根据不同的摇头情况，所传达的信息也不同。FBI 心理专家分析，将头部向单侧摇动时，即将头转向一侧，再让其迅速恢复到原来的位置，是表达不认可的信息；将头部半转、半倾斜则是传递一种友好的信息，如同在路上与人见面打招呼时，表达的是一种"见到你很开心"的意思；晃动头部传递的是一种惊讶、震惊的信息，我们常常会因为听到出乎意料的消息而晃动头部，表示难以置信的心理。

点头

点头是表达同意、答应、赞许等意思。一般情况下，点头都是表示同意的意思。但是 FBI 心理专家分析，如果点头这一动作过于频繁，则意味着一种敷衍的态度。

低着头，压低下巴

低着头，压低下巴往往是抱有一种批判性的态度，同时，还意味着否定。因此，当我们与他人进行谈话时，如果对方低着头，压低下巴，那么，我们就要提高警惕，设法解决双方之间的分歧。

其实，这种现象经常出现在培训课或是讲座上：当台下很多观众都低着头，压低下巴，没精打采地坐在椅子上，并将手臂交叉在胸前时，表明他们对发言者的话题不感兴趣，或是持消极的态度。对此，FBI 心理专家建议，如果想让更多的观众融入和参与自己的演讲话题，需要在发言之前采取一些措施，让观众抬起头，做出积极的反应。

另外，在商务交往中，低着头，压低下巴的肢体语言是非常不受人欢迎的。

头部僵直

头部僵直是代表内心感到很无聊的意思。在商务洽谈的过程中，如果一直保持这一动作，则表示中立的态度。

头部向一侧倾斜

这一动作不仅会露出我们的喉咙和脖子，还会让人显得比较弱小。FBI心理专家分析，头部向一侧倾斜是一种顺从的意思。对于大部分女性来说，经常会对自己心仪的男性做出这一动作，让自己显得非常温顺。而在大部分男性的眼里，这一动作具有很大的吸引力，会激起男性的保护欲。FBI心理专家分析称，这一动作有可能起源于婴儿时期将头靠在父母的肩膀和怀中休息的姿势。

下面，我们再看一个关于头部向一侧倾斜的例子：

在一次朋友聚会上，孙洋认识了活泼可爱的杨欣，他被杨欣独特的魅力所吸引。可是，生性害羞的孙洋却不敢直接表白，怕被当面拒绝。他将自己的苦恼向最好的哥们张旭倾诉，张旭听完后，拍着胸脯对他说："放心吧，这事包在我身上。让我先给你探探路，你再行动。"

于是，每隔一段时间，张旭就会主动约几个朋友相聚，其中包括孙洋和杨欣。几次之后，他自信地对孙洋说："哥们，你现在可以主动出击了，我百分百确定你能马到成功。"

孙洋一向对张旭非常信任，不过，他也做好最坏的打算，即使不成功，自己也主动争取过。

于是，孙洋找了一个合适的机会向杨欣表白。果不其然，一向活泼的杨欣听完孙洋的表白，害羞地点了点头。孙洋喜出望外，立刻将这一好消息告诉了好哥们张旭。

张旭气定神闲地说："怎么样？哥们什么时候骗过你！"孙洋刨根问底：

"你怎么那么肯定杨欣会答应呢？"张旭慢悠悠地说道："我是动用了我敏锐的观察力。几次聚会，我都发现你在说话时，杨欣总是将头部向你这一侧倾斜，并且认真地用手托着下巴，仔细听你讲话。这表明，她对你也有好感。所以，当你主动出击表白时，她必然会同意。"

第二节　眉毛：透露内心信息的"变化指示器"

一天清晨，美国警方接到一起凶杀案报警：某公司的 CEO 罗格在自己别墅附近的公园中被杀害了。接到报案后，FBI 特工艾德华和当地警察立刻赶往现场。

经过调查发现，罗格先生与他的两个同住的兄弟关系比较紧张，经常会有纷争，而他的表兄比尔刚刚搬来没多久。

当艾德华依照惯例询问罗格家人问题时，他的表兄比尔表现得很惊讶："怎么可能！昨天我还和罗格聊天呢？"艾德华接着问道："你最近有没有发现罗格先生有什么异常的举动呢？谁有杀害他的嫌疑呢？"

比尔思考了片刻，回答道："在我来之前，就知道罗格与他的两个兄弟关系不融洽，好像是因为财产的问题。罗格曾生气地说'这两个家伙真无耻，我的钱为什么要分给他们'之类的话，还说早晚要将他们赶出家门。所以，罗格的两个兄弟都有杀害他的动机。"

可是，特工艾德华在听他叙述的时候，却听出比尔似乎有将自己的嫌疑撇得一干二净的意思。于是，他接着问道："你怎么不谈谈你的情况呢？我听闻你一直都嫉妒罗格先生。"

此时，比尔皱着眉头，将面颊向上挤，生气地回答道："你这话是什么意思！你是在怀疑我吗？我再怎么嫉妒，也不会杀了他啊……"

比尔越说越着急，他想极力掩饰自己内心的惊慌，只见他眉毛抬高，彼此靠拢。从这一系列的眉毛动作中，FBI 特工艾德华得到了肯定的答案，他推断比尔就是凶手。

果然，经过 FBI 特工和当地警察的仔细搜查，在比尔居住的房间里找出了凶器。

对于美学研究者来说，眉毛是面部形象不可缺少的一部分；对于生理学家来说，眉毛是眼睛的守护者；而对于 FBI 特工来说，眉毛是让他们快速而敏锐地发现犯罪嫌疑人内心喜、怒、哀、乐的破案工具。

上文中，FBI 特工艾德华正是发现嫌疑人深皱眉毛，才读懂了他内心的"潜台词"：当他在说谎并极力辩解时，深皱眉毛，将面颊向上挤，是一种典型的躲避反应，情绪反应激烈的同时也深感忧虑，想摆脱自身危险的处境；当受到 FBI 特工的怀疑时，他的眉毛抬高，彼此靠拢，表明他内心处于异常焦虑的状态。

眉毛，被人们称为"心情变化指示器"。它能够传递一些非常重要的信息。纽约大学的心理学家通过实验研究发现，眉毛高挑以及颧骨高挺的人会让人感到更诚实，人们也会更喜欢与其打交道。

研究人员找来一些志愿者，让他们观看了 300 个电脑合成的面孔。在志愿者看完这些面孔后，研究人员询问他们对每一张面孔的信任度。实验结果表明，那些眉毛高挑以及颧骨高挺的人会让人感到更真诚。

另外，当研究人员给志愿者看了一批真实的陌生人面孔时，同样，那些眉毛高挑以及颧骨高挺的人依然被认为是最值得信任的。纽约大学的心理学家还将这一研究成果应用在公众人物身上，发现了一些值得信任的人。比如，英国教会的主教长坎特伯雷大主教和新闻播报员就有着高挑的眉毛和突出的颧骨。

美国社会心理学家琳·克拉森也表示，眉毛能够透露一个人的真正心声。比如，当人心存疑虑或是受到惊吓时，眉毛会微微地向上抬起；当人心存不满或是生气时，则会压低眉毛，并且两条眉毛彼此靠近，中间还有竖纹。

原来，一直被我们忽略的眉毛还有这么多复杂而深刻的含义。再如，当一位男士对一位漂亮的女士挤眉弄眼时，可能在外人看来，这种人往往比较轻佻。可是，如果那位漂亮的女士没有表现出愤怒，而是嬉笑回应，则表明他们两个人的关系不错，只是在嬉闹调情而已。此时，挤眉弄眼就不能成为判断此人品德修养的依据了。

除此之外，还有哪些眉毛微动作是我们应该注意的呢？在此，我们就与 FBI 心理专家一起总结一下：

深皱眉毛

长时间地深皱眉毛表明一个人正处于忧虑的状态，想要摆脱目前所处的困境，但却无法挣脱。最常见的皱眉还可以理解为反感、厌烦等心理。

对此，FBI 心理专家分析，经常处于这种状态的人比较敏感，与其说话时应该稍微谨慎些，以避免不必要的摩擦。

眉毛闪动

眉毛闪动是指眉毛先上扬再快速下降，动作非常迅速。FBI 心理专家分析，这是一种友善的行为，是表示欢迎和友好的意思，同时，也表示自己现在的心情非常愉快，时常还会伴随着微笑的表情。

而在与人交谈的过程中，眉毛闪动则是表示强调的意思。当强调某个词语时，眉毛会自然地扬起再落下。

耸眉

耸眉是指眉毛扬起，停留片刻后再下降，它与眉毛闪动的区别在于"停留片刻"。耸眉时，嘴角还会出现短暂性往下撇。这是一种充满忧伤的表情。耸眉有时表示的是一种不愉快的情绪，有时则是表示无可奈何。除此之外，在谈话时，有的人在讲到重要内容时会不断耸眉。

眉毛斜挑

眉毛斜挑是指两条眉毛一条上扬，一条降低。这种表情是一种无声的语言。它所传达的信息介于扬眉与皱眉之间，有愤怒，也有恐惧。

对此，FBI 心理专家分析，当人出现这一矛盾的表情时，是由于肌肉既想将眉毛抬起来，又想将其压下去。这一表情包括痛苦、恐惧、愤怒等情绪，从而形成了一种反映焦虑情绪的表情。

眉毛打结

所谓的眉毛打结，并不是指两条眉毛真的纠结在一起了，而是指眉毛同时上扬，并且相互靠近。FBI 心理专家分析，这种表情通常意味着当事人正处于巨大的烦恼和忧虑中。另外，由于患上某种疾病，造成生理上的痛苦，也会出现此种表情。

眉毛倒竖

眉毛倒竖还会伴随眉角下拉、咬牙切齿等动作，这种表情表明此人非常生气或异常愤怒。

扬眉

扬眉分为双眉上扬和单眉上扬。双眉上扬是指此人处于非常惊讶或是十分欣喜的状态；单眉上扬则是对别人所说的话或所做的事不理解、有疑问。

下面，我们来看一个单眉上扬的例子：

小丁在大学期间学的是会计专业，因此，在毕业前夕，他在某公司应聘了财务相关的实习职位。起初，小丁做得很认真，每个账目都仔细地核算，深得财务主管的认可。可是，时间一久，小丁就变得懈怠了：不是弄错了财务报表的时间，就是写错了相关数据。

临近年底，整个财务部门都忙得不亦乐乎。可小丁却偷起懒来，做事情比以往更加漫不经心。

临近下班，小丁正收拾东西准备走人时，被财务主管叫进了办公室。财务主管问他道："小丁，你的实习期快要结束了。你对你这段时间的表现感觉如何呢？"小丁立刻回答道："我感觉不错啊。"

财务主管听到他如此回答，不由自主地单眉上扬。不过，他很快恢复了常态，接着用很平静的语气问小丁："你这两天做的报表有没有仔细检查过呢？"小丁依然快速回答道："检查了，我都查看了一遍。"

财务主管听罢，再次单眉上扬。小丁虽然看到这一切，但没有在意，随口道："主管，您要是没有什么事，我就下班了。"

此时，财务主管不由得皱起眉头来。

第二天，小丁正准备出门去上班时，接到行政部人员的电话通知："你以后不用到公司来实习了，你的实习期已经提前结束了。"小丁非常不解地问道："为什么？"行政人员回答道："因为你的工作非常不认真，总是出现这样或那样的错误，而且工作态度也有问题。昨天上交的财务报表，有一大半数据都有问题。"

第三节　眼睛：折射内心秘密的"心灵之窗"

在审讯室中，两名 FBI 特工正在审问一名嫌疑人："看清楚点，这几个人哪个是你的同伙？"可是，那个犯罪嫌疑人不为所动，一直三缄其口。但 FBI 特工并没有放弃，一名特工将几个嫌疑人的照片一张一张地摊放在他的面前，而另一名特工则敏锐地观察着他的眼神。当第四张照片放在那名嫌疑人的面前时，他的眼睛忽然睁大，而后瞳孔快速地收缩了一下，轻微地眯了一下眼睛。虽然这一动作时间很短暂，转瞬即逝，但还是让 FBI 特工捕捉到了。随后，他们对第四张照片上的人进行抓捕。经过审问后，果然，此人正是他的同伙。

我们常常将眼睛称为"心灵之窗"，确实如此，因为通过眼睛我们能够发现很多平时难以发现的秘密和信息。上文中那个犯罪嫌疑人虽然三缄其口，以为这样 FBI 就拿他没辙，但他的眼睛却"诚实"地交代了一切。当特工拿出他的同伙照片时，虽然他表面看来是不动声色，但眼睛看到同伙后毕竟有所触动，因而发生了案例中的一幕：眼睛忽然睁大，而后瞳孔快速地收缩，轻微地眯了一下眼睛。

这表明嫌疑人看到同伙的照片后出现了紧张情绪，因此眼睛也下意识地睁大。但他想刻意隐藏自己的情绪，所以他的瞳孔迅速收缩，眯着眼睛，以此遮挡对自己构成威胁的目标，掩饰内心的紧张情绪。虽然这个过程非常短暂，但是观察力敏锐的 FBI 特工还是发现了其中的端倪。

人们的眼睛会说话，通过仔细观察，我们能发现很多对方有意隐藏的信息。那么，是什么导致了眼睛发生变化，从而泄露当事人内心的秘密呢？其实，这是由瞳孔决定的。瞳孔也被称为瞳仁，是眼睛中间的一个小圆孔。它如同照相机中的光圈，能够随着进入眼睛的光线变化而放大或缩小。同时，瞳孔的运动是不受主观意识控制的。

FBI 心理专家乔·纳瓦罗曾说："当我们感到紧张时，瞳孔也会收缩。它是人类固有的生理现象。"实验研究表明，当人看到喜欢的人或事时，瞳孔会下意识地放大；而看到不感兴趣、反感的人或物时，瞳孔则会缩小。

眼睛，是我们身体的重要器官，它不仅能让我们阅读和领略丰富的知识和美景，还能通过观察捕捉到错综复杂的信息。正如孟子所言："存乎人者，莫良于眸子。眸子不能掩其恶。胸中正，则眸子瞭焉；胸中不正，则眸子眊焉。"意思就是观察一个人，最好的方法就是观察他／她的眼睛，因为眼睛是无法隐藏他／她内心的邪恶的。内心正直的人，眼睛就会非常明亮；而心术不正的人，眼睛就会显得浊暗。

因此，善于观察他人的眼睛，可以捕捉到其他人看不到的信息。

公司聚餐结束，同事甲对同事乙说："刚刚在吃饭的时候，你没有发现主管不太高兴吗？"

同事乙不解地问道："你怎么看出来的？"

同事甲细心地说："吃到一半的时候，当大家都在兴高采烈地谈论某个话题时，他的眼睛却一直向别处看，似乎想要早点结束。"

同事乙赞同地说："难怪刚刚聚餐一结束，主管就急匆匆地拿着包离开了。"

的确如此，眼睛能够泄露出人内心的秘密和想法。那么，除此之外，还有哪些眼睛动作有着特别的含义呢？在此，我们就来探究一下：

眼睛睁大

眼睛睁大与脸部表情结合在一起，不同的表现有不同的含义。FBI 心理专家分析，当眼睛睁大时，眉毛上扬并且面带笑容，表示对人或事比较感兴趣；当眼睛睁大且快速地一瞥，而后又恢复正常的表情，表示很惊讶；在睁大眼睛的同时，眉毛高耸并且脸颊凹陷下去，则是表示恐惧、害怕。

眼皮耷拉

FBI 心理专家分析，当出现眼皮耷拉这一动作时，此人内心的潜台词是表明极度不情愿，或者是"根本不想听到某件事"的心理。比如，当公司员工听到部门经理要求加班的消息后，眼皮顿时耷拉下来。

挤眼睛

挤眼睛是指用一只眼睛向他人使眼色的动作。可是，在不同的场合下挤眼睛，所传递的信息也有所不同。FBI 心理专家分析，在人际交往中，当两个人好朋友互相挤眼睛时，表示他们对某个话题有共同的看法和感受；如果是两个陌生人，一个人对另一个做出挤眼睛的动作，则是有挑逗的意思。

但 FBI 心理专家也提出建议，挤眼睛暗示两人间有"不足为外人道也"的秘密，会让其他人感到被疏远。因此，这一动作还是尽量少做为好。

眨眼

不同的眨眼速度有不同的含义。FBI 心理专家分析，当处于压力状态下或是说谎的时候，眨眼的速度会很快；当处于放松的环境中，眨眼的速度则会放慢。一般情况下，眨眼的次数在每分钟 8 ~ 21 下之间。

眼睛向上吊或是往下垂

眼睛向上吊或是往下垂有着不同的含义。FBI 心理专家分析，如果眼睛向上吊，并且不敢直视对方，表明此人的内心藏着不可告人的秘密；如果眼睛往下垂，则表明此人傲慢的心理，有轻蔑对方之意。

眼睛躲闪

在谈话的过程中，眼睛出现躲闪的动作时，FBI 心理专家分析，这一动作表明此人有些不值得信赖。但是对于一些生性比较害羞的人来说，眼神躲闪则是心理紧张的表现。

斜着眼睛

斜着眼睛所蕴含的信息比较丰富，不同的场合下有不同的含义。FBI 心理专家分析，如果斜着眼睛的同时，眉头紧皱或是嘴角下拉，则表明是猜疑的心理，或是怀有敌意；如果目光投向一侧，并且面带笑容或是眉毛微微扬起，表明此人对你的话题比较感兴趣；如果是处于恋爱中的男女，尤其是女人出现这种斜视的动作，则是一种求爱的信号。

眼睛注视对方

FBI 心理专家表示，用眼睛注视对方，需要注意三个要素：注视的时间、方式、部位。当与人进行交谈时，注视对方的时间应该是交谈时间的30% ~ 60%，这被称为社交注视；注视时，不要死死地盯着对方，这会让对方感到非常尴尬，应该自然地注视；与人交谈时，要注视对方的眼睛到嘴巴的"三角区"，这是一个能让社交气氛融洽的部位。

尤其是注视时间，如果注视的时间超出社交注视时间或是比较短，都会留下不好的印象。

一次应聘场合，面试官问应聘者："请你讲一下你在上一份工作中学到了什么。"

"嗯……我觉得我在上一份工作中学到了很多……"应聘者扫了一眼面试官，立刻低下头，忐忑不安地回答道。

"真是一个没有自信的人，算了，这个人还是直接 pass 掉。"面试官在心里嘀咕道。

第四节 鼻子：不可错过的无声语言

虽然在面部器官中，鼻子的动作是最不灵活的，往往作为"配角"配合其他器官做出各种表情，但是它的变化却是显而易见的。因此，我们能够通过鼻子的一些微动作和变化来读懂对方内心世界的无声语言。当我们想要了解他人的内心活动时，一个有效的方法就是观察对方的鼻子动作。

FBI 心理专家称，鼻子的变化和动作确实是在向外界传递信息。在异味和香味的刺激下，鼻子会出现明显的扩张和收缩动作，甚至还会导致鼻子出现轻微的颤动，从而出现"打喷嚏"现象。

在一场舞会上，一位男士看到一位漂亮的女士。为了博得这位女士的好感，他特意在她面前表演自己与众不同的吸烟方法。他先是抽了一口烟，然后朝那位漂亮女士的方向吐烟圈。那位女士什么也没有说，只是将鼻子紧皱起来。

男士不解地问道："你是不是不喜欢烟味？"但那位漂亮的女士还是什么都不说，依然紧皱着鼻子。

FBI 心理专家分析，其实，那位漂亮的女士在紧皱着鼻子时已经表达出她的不满。可是，那位男士竟然没有看出来，继续提出一个愚蠢的问题，他自然就会吃闭门羹了。

除此之外，FBI心理专家在研究中还发现，鼻部形态与性格也有一定的关系：高鼻梁的人会在某些方面产生一定的优越感，表现出一种骄傲的心态，给人一种难以接近的感觉。

不仅如此，一些鼻子动作还能够真实地反映人的内心"密语"。有FBI心理专家通过研究发现，当人说谎时，会下意识地去摸自己的鼻子。美国马萨诸塞州大学的心理学家罗伯特·费尔德曼就曾做过这样的实验。

在实验前，他首先布置好隐蔽的摄像机以记录现场场景。随后，他邀请一些受试人员参与实验，让他们回答事先设计好的问题。实验结果显示，受试人员每10分钟就会说3个谎言，而说谎最明显的动作就是摸鼻子。

美国前总统比尔·克林顿与莱温斯基的性丑闻被曝光后，在他向陪审团陈述证词时，有美国学者经过深入研究发现：克林顿在说真话时，触摸自己鼻子的次数非常少。可是，一旦克林顿撒谎，他就会下意识触摸自己的鼻子，而且在谎言说出口之前，还会不经意地微微皱起眉头。在他陈述证词期间，触摸鼻子的次数达到26次之多。

为何人在撒谎时会触摸自己的鼻子呢？关于这种现象，有不同的说法：一种说法认为，当人说谎时，鼻子的神经末梢会出现刺痛的感觉，用手去触摸鼻子可以缓解这种不适感；另一种说法是，当一些不好的想法进入大脑后，人会下意识地用手遮住嘴巴，可是又担心表现得过于明显，就会改成用手触摸鼻子。

一般来说，在与人交谈时，出现用手触摸鼻子的动作，表明说话者是在撒谎，而对于听话者来说，则表示怀疑。可是，也有些人在说谎时并不会用手摸鼻子，而是用手在鼻子上轻轻地蹭几下。由于这种动作幅度比较小，一般是不会被人轻易发觉的。

除此之外，还有哪些鼻部动作和变化会传递出人们内心的无声语言呢？对此，有FBI心理专家为我们总结出以下内容：

鼻头冒汗

FBI 心理专家分析，当人鼻头冒汗时，表明他此刻正处于紧张、焦躁的情绪中。就像在谈判桌上，当对方提出一个难以解决的问题而无法达成协议时，内心就会变得非常焦急，自然，鼻头就会出现冒汗的现象。

鼻子向上提

FBI 心理专家分析，当人出现鼻子向上提时，表明这人是在摆出一副高高在上的姿态，蔑视他人。对此，FBI 心理专家建议，如果不想让你的交际受阻，最好不要做出这一动作。

鼻子泛白

FBI 心理专家分析，当与人对峙时鼻子泛白，表明此人面对对手时心里产生恐惧、忌惮之感；如果是面对没有利害关系的对方而鼻子泛白，则是由于犹豫不决、踌躇不定的心情而导致的。

鼻头发红

FBI 心理专家分析，鼻头发红，大多数情况下与身体健康有关。比如，经常食用过于辛辣的食物、长期饮酒等，或是情绪过于激动，抑或是心血管疾病或是肝功能障碍等。

另外，还有一些鼻部动作也能传递不同的信息，透露着人的内心变化：皱鼻子表达厌恶之情、抖动鼻子反映情绪非常紧张、歪鼻子表示怀疑等。当然，要想深入了解他人的内心想法，除了仔细观察鼻子所传达的微妙信息外，还要结合身体其他部位的动作一起分析。

第五节　"唇语"：不经意间暴露的秘密

审讯室中，两位FBI特工已对一宗谋杀案的犯罪嫌疑人审问了4个小时，但是对方依然不肯松口。不过，其中一名特工却从他的嘴巴变化上发现了一些端倪，知道他快撑不住了。

当特工们继续审问他时，发现他做出了抿嘴的动作，并呈现出倒U型口型，仿佛是大脑在提醒嘴巴："一定紧闭住，千万不能松口。"此时，那位特工明白，犯罪嫌疑人现在已经处于压力的巅峰阶段，他们应该乘胜追击，将审问继续下去，才会有所突破。

不出所料，那名嫌疑人抿起的嘴巴逐渐变得扁平，最终成为一条直线。历经6个小时的审讯，犯罪嫌疑人终于松口了，向特工们交代了自己的犯罪经过。

嘴巴是传递内心信息的"第二扇窗户"，通过某些"唇语"，我们可以洞悉他人的心理活动。即使是极其细微的心理变化，也会被灵活的嘴巴表达得淋漓尽致。案例中的FBI特工正是捕捉到了罪犯嫌疑人通过嘴巴暗示的潜在信息，从而采取步步紧逼的策略，加大审问力度，成功地让他在无法承受的压力之下不得不吐露真相。

在人的面部器官中，由于嘴唇的位置比较显著，因此，常常会做出一些不自觉的动作，显示自己的内心活动。可以说，在擅长演绎无声语言的五官“武林大会”中，嘴唇是仅次于眼睛的“第二高手”。

生理学家经过研究发现，人的面部肌肉会随着感情的变化而变化，其中，最为明显的就是眼睛和嘴唇。由于嘴角的弧度不同，嘴部动作也有很多种，比如抿嘴、撇嘴、噘嘴等。可以说，不同的嘴部动作反映了不同的内心状态。

同一个嘴唇动作在不同的场景中做出来，其表达的含义也有所不同。当一个人的嘴唇向前撅起时，从心理学角度来看，这一动作通常表示此人内心存有不满的情绪或是不同的意见。比如，在公司开会时，当有人不同意其他人的意见时，就会做出嘴唇向前撅起的动作。不过，噘嘴除了表达不满外，有些喜欢撒娇的女性也经常做出这一动作。

周末，小杨带着女友去逛街。当女友看到商场中一件心仪的衣服时，对小杨噘着嘴说：“你给我买这件衣服当作圣诞礼物吧！我真的非常喜欢它。”小杨看着女友的表情，辩解道：“我又没说不给你买，你干吗心存不满啊！”

由于小杨没有读懂女友的“唇语”，导致他误解了女友的意思。其实，女友只是在向他撒娇而已。因此，不同的嘴唇动作需要与当时的情景结合再做出判断，不能一概而论。那么，还有哪些嘴唇动作在透露他人的内心秘密？

抿嘴

FBI 心理专家分析，当人面临巨大的压力时，经常会做出抿嘴的反应，即将嘴唇藏起或是拉紧。随着压力不断地增大，嘴唇的形状也会逐渐变成倒 U 口型，最终，成为一条直线。这一动作是自我抑制的表现，表明当事人的自信已经跌至谷底，焦虑之情也完全暴露出来了。

咬嘴唇

FBI 心理专家分析，咬嘴唇这一动作是释放压力的一种表现。当人心存苦闷、不满、紧张等情绪，而又无处发泄时，通常会采用咬嘴唇的动作来释放内心的情绪。比如，英国已故的戴安娜王妃就时常咬嘴唇。在很多媒体刊登的照片上都印证了这一点，她可能是通过这种方式对那些侵犯她隐私的摄像师们表达不满。

不过，当我们在生活和工作中遭遇失败或挫折时，也经常会做出咬嘴唇的动作，似乎在有意惩罚自己。

FBI 心理专家表示，咬嘴唇这一动作源于人们在婴儿时期的吮吸动作。与之相似的动作还有咬笔杆、咬指甲等，都是一种缓解紧张情绪的方式。

撇嘴

撇嘴是指下嘴唇向前伸，而嘴角向下垂的动作。这一动作经常会在人们不高兴时出现。FBI 心理专家分析，这一动作与嘴角上扬的意思相反。嘴角上扬是表示喜悦，而撇嘴通常是表达一种负面情绪。当人们感到无奈、绝望、愤怒时，他们的面部表情中就会出现这一动作。

舔嘴唇

FBI 心理专家分析，舔嘴唇这一动作在不同的情景下有不同的含义：当面临压力时，人们经常感到口干舌燥，从而会用舌头不自觉地去舔嘴唇；当人们感到心理紧张或是不自在时，也会用舌头去舔嘴唇，以此安慰自己，让自己镇定下来；如果是处于热恋中的恋人，一方做出舔嘴唇的动作，则是一种调情的表现，让自己显得更有魅力和诱惑性。

不过，在社交关系中，经常出现舔嘴唇的动作，则会让人感到当事人很紧张或是不自信。因此，FBI 心理专家建议，在日常交往中，应该尽量避免这一动作的出现。

美国一家银行报案称，在不到一个月的时间里，银行竟然先后丢失总计 100 万美元巨款。接到报案后，擅长侦破金融犯罪的 FBI 立刻介入调查，了解和分析案情后，FBI 特工们怀疑是有人故意篡改了银行的业务数据。

于是，他们朝着这个方向进行深入调查。经过调查发现，银行的一位工程师詹姆斯最近对数据系统进行过维护和升级。于是，FBI 特工立刻传唤了詹姆斯。

在讯问期间，詹姆斯不时地舔着自己的嘴唇，而且刻意躲避特工们的目光。从这一动作中，特工洞悉他现在的心理非常紧张，并且在隐瞒某些事情。这让 FBI 特工更加认定詹姆斯就是那个监守自盗的人。

后来，经过特工们反复调查和查看最近数据升级时的监控录像，发现正是詹姆斯篡改了银行数据。面对铁证如山的证据，詹姆斯终于承认了是自己借着升级数据库的机会篡改了数据，转走了银行的 100 万美元。

捂嘴

俗话有云："说谎心虚捂嘴巴。"表明人在说谎时常常会出现这一动作。不过，这一动作最常见于孩子身上。FBI 心理专家分析，当孩子撒谎后，他们会不自觉地用手捂住自己的嘴巴，似乎这样才能管住嘴巴，不让它说出不该说的话。久而久之，就会成为一种习惯。

而对于成年人来说，做这一动作的人非常少。不过，也有人会在撒谎或是说错话后，条件反射地用手捂住自己的嘴巴，似乎想要收回刚刚所说的话。有时候，他们并没有将举起的手放在嘴巴上，而是轻轻地摸一下鼻子，随即回归原位。

不过，这一动作要与挡嘴区分开。因为挡嘴除了有说谎的含义外，还可能是提醒对方注意他们所说的话。

在办公室的茶水间里，两个女生在议论他人的是非。此时，正好有个同事进来了。于是，其中一个女生伸出食指在自己的嘴巴前一竖，另一个女生似乎立刻领会了她的意思，随即停止了议论。

除此之外，挡嘴这一动作还有让倾听者保密的意思。

在小区的休闲广场上，甲乙两个年轻的儿媳妇在议论婆婆。

甲抱怨道："我真的非常讨厌我的婆婆，天天像个'总管'似的，管东管西的。"

乙："确实如此，好像天底下的婆婆都是这样。"

随后，甲又诉说自己婆婆的种种不是，说完之后，用手挡着嘴巴对乙说："我给你说这些，你可别让我婆婆知道了啊。"

第六节　耳朵：重要信息的"传递员"

在审讯室中，两位 FBI 特工正在审问一名纵火犯的嫌疑人。起初，当特工问他一些无关紧要的话题时，他表情非常轻松地回答着问题。可是，当特工提及纵火案的时候，他不由自主地用拇指和食指摩擦自己的耳朵，而且脸转向了一边，并矢口否认自己放火。

一名 FBI 特工观察到他的这一动作后，知道这位嫌疑人正产生抗拒的心理，他不想正面回应问题。

于是，他们向那位嫌疑人出示了有关他的犯罪证据。此时，那名嫌疑人不停地用手挠着耳朵，并辩解道："虽然我在案发现场，但我是听到有人喊叫的时候才跑上前去。当我看到火势非常大时，立刻冲上去帮忙灭火。"

敏锐的特工从嫌疑人的动作中洞悉他正处于焦虑不安的状态下，更加断定他与这起纵火案脱不了干系。经过连番审问，嫌疑人终于承认了犯罪事实。原来，他是这起纵火案的帮凶。随后，FBI 特工顺藤摸瓜，抓住了主要犯罪嫌疑人。

可以说，耳朵不仅能够收集信息，还是重要信息的"传递员"。相对于其他身体部位来说，耳朵总是相当"低调"，因此，人们通常注意不到它的细微动作。可是，正因为它的动作不易被人察觉，才更能够准确反映人们的内心活动。案例中的 FBI 特工正是敏锐地观察到了犯罪嫌疑人做出的摸耳朵的不同动作，洞悉了他的内心活动，从而找到了审讯的突破口，不仅查明了他的犯罪事实，还抓住了该案的主要犯罪嫌疑人。

在日常生活中，只要稍加留意，就会发现摸耳朵是最为常见的动作：当人们在工作上出现失误，向领导坦白时，会发现对方下意识地用手抚摸自己的耳朵，这表明他／她此刻正在思考处理问题的方法；当人们听到不好的消息时，也会下意识地用手捂住耳朵，以表达内心的抗拒。

不仅在生活中，在很多影视剧中，我们也会看到这样的场景：当一对情侣吵架时，男生想要将原因解释给女生听，女生总是用手捂着耳朵，并摇着头喊道："我不听！我不听！"研究表明，当人们用手将耳朵捂住或是将耳郭折起来遮住耳洞，表明此人不想听对方说话，想要终止这次谈话。

不同的抓挠耳朵动作，其代表的含义是不一样的。在此，我们就来看看 FBI 心理专家是如何为我们归纳的：

用手指掏耳朵

FBI 心理专家分析，与人交谈时，用手指掏耳朵这一动作是表达不屑、轻蔑的心理，可能是对人不屑，也可能是对事不屑。FBI 心理专家建议，这一动作切莫出现在社交场合中，否则，只会对自己的人际交往带来不利影响。

程伟是某公司技术部的"空降兵"，听闻他的电脑技术非常厉害，是被技术经理从别的公司高薪挖过来的。因此，很多同事都想见识他的本领。

一天，一位技术部门的同事虚心请教他程序问题时，只见程伟依然目不斜视地对着电脑，并用手指掏着耳朵说："这问题很难吗？你看……"

之后，那位同事再也没有请教过他问题。不仅如此，很多技术部门的同事也不愿与其交流了。

用手摩擦耳朵

FBI 心理专家分析，当与人交谈时，如果对方拇指和食指不断地摩擦自己的耳朵，并将脸转向一侧，表明对方已经产生一种抗拒心理。其实，这一动作是源于孩提时代不愿听从长辈的话，孩子会用手捂住耳朵。而在成年后，人们逐渐将其演化成摩擦耳朵这个动作来掩饰自己的抗拒心理。比如，案例中的那名嫌疑人听到 FBI 特工提及纵火案时，他的内心是极度抗拒的，因此就会做出用手摩擦耳朵的动作。

用手将耳郭折起来

FBI 心理专家表示，与人交谈时，用手将耳郭折起来，以此盖住耳洞时，表示此人极其不耐烦。这个动作意在告诉说话者不要再说下去，想要终止这次谈话。

用手摸或挠耳后

FBI 心理专家分析，当用手指在耳朵背后摸来摸去时，表明人们此时正处于焦躁不安的状态。抓耳挠腮说的就是这个意思。

课堂上，老师正在讲解一道题目。当老师转过身时，发现小马正在和后面的同学小声嘀咕着。

于是，老师喊道："小马同学，请你回答一下这个题目是如何做的？"

"呃……"小马一时语塞，他根本不知道老师讲的什么。他焦躁地一直用手挠着自己的耳背。

用手摸或挠耳后，除了表示内心着急、焦躁外，还表示考虑的意思。

熙熙攘攘的商场中，很多销售人员都在卖力地宣传自己公司的产品，希望能够有更多的消费者前来购买。此时，正在售卖护肤品的售货员发现一名顾客正停留在她的柜台前。于是，她立刻热情地迎上前讲解。

"您好，这套护肤品是我们公司刚刚推出的，适合各种肤质，而且现在购买还可以享受八八折的优惠。目前，我也在用这一款，您看看我的皮肤……"

她一直滔滔不绝地讲着，却没有注意到那位顾客正在用手轻轻地挠着自己的耳背。其实，那位顾客只是综合比较一下几种护肤品的功效和价格，还没有确定要不要。

"谢谢你，我再看一看。"没等热情的销售员讲完，那名顾客已经移步到另一家护肤品的柜台前。

除了可以通过耳朵动作窥探人们的内心活动和信息外，还可以通过耳朵特征来看人的性格：小耳朵且耳朵肉很少，表明此人性格急躁、情绪不稳定。如果是男性会有暴力倾向，而女性则有些无理取闹或是自寻烦恼的倾向；大耳朵且耳垂有肉，表明此人心胸宽广、为人豁达，做事沉稳、不急不躁；耳垂小或是无耳垂，表明此人比较爱运动，不喜欢安定的生活，欲望无止境；"招风耳"则表明此人性格比较外向，做事非常积极，喜欢刺激和充满挑战的事物，头脑聪慧，办事效率较高。

第七节　从面部表情读出情绪变化

一天晚上，外面正下着瓢泼大雨。此时，911报警中心接到了一则报案：在某街道的酒吧里发生了一起命案。接到报案后，FBI特工们立刻驱车赶往案发现场。

从目击者的口中得知，受害者本来坐在酒吧的角落里。因此，起初大家并没有在意他。可后来，有人发现他与一个男子发生了争执，随后那个男子就跑了出去，而受害者则趴在桌子上。酒吧服务生收拾桌椅时，发现他一直趴在那里，本以为他喝醉了。谁知，上前招呼他时却发现他早已身亡。

FBI特工对受害者尸体进行检查发现，他是被人用雨伞刺死的。由于命案发生的时间并不长，FBI特工推测凶手并没有走太远。有目击者称，曾看到嫌疑人朝东边逃去。了解嫌疑人的大致容貌和衣着后，特工们立刻向东边追去。

大概在半个小时之后，FBI特工在一个小型超市门口发现了疑似凶手的年轻人。当FBI特工罗伯特问他是否去过某酒吧时，他的表情极不自然，面部肌肉立刻显得很紧张，嘴角也在抽搐，双唇紧贴着牙齿。虽然他马上回答了特工的问题，但是却隐藏不了自己面部表情所传递的信息。

罗伯特再次问道："你手里的雨伞是用来做什么的呢？"

"警官，今天下这么大的雨，当然是用来挡雨的。"虽然他极力想通过言语来掩饰自己内心的恐慌，但罗伯特还是看出了一些端倪。

罗伯特厉声说道："的确如此，虽然今晚下了很大的雨，但是你的伞并不是用来挡雨的，而是用来杀人的！"

那个年轻人听了，觉得自己的身份已经被看穿，脸上现出沮丧的表情，头也不自觉地低了下去。

经过审讯，那名年轻人交代了自己的犯罪经过。同时，勘查组的FBI同事经过鉴定发现，雨伞上面确实有受害者留下的血迹。

可以说，面部表情的变化是内心变化的"显示器"，它能够清楚地反映人们的情绪。FBI心理专家曾总结出这样一个公式：情感表达 =7% 的语言＋38% 的语音＋55% 的面部表情。可见，相较于其他身体部位，面部表情能够为我们提供更丰富、更有用的信息，从而让我们更清楚地了解他人的想法。上文中的 FBI 特工由于敏锐地捕捉到嫌疑人的面部表情变化，才确定那位年轻人正是他们追踪的对象，从而将其缉拿归案。

生物学家达尔文曾称，面部表情动作与情绪变化是紧密相连的。因此，很多面部表情都能够透露出人们内心世界的秘密。于是，不同的情绪显现在脸上也是多种多样的：当我们与人交谈时，对方笑逐颜开，表明谈话气氛非常融洽；对方左顾右盼，视线游离，则表明谈话进行得不顺利。

另外，面部表情的细微变化也暗示着谈话是否有必要继续进行下去。比如，当眼神朝向不同时，表明对方是在思考、倾听，或是不关心这件事；当嘴唇紧闭时，则表明对方要下定决心，采取行动；当青筋暴露时，则表明对方即将发怒，此时，我们需要采取一些应急措施了。

不过，有的人喜欢将自己的情绪隐藏得很深，不愿与他人进行过多的交流，也不愿与其他人分享自己的真实感受。因此，他们的面部表情变化往往非常细微，如果不仔细观察，很难觉察到，也就是我们通常所说的"喜怒不形于色"。可是，FBI 心理专家经过实践总结和研究证明，这类人面部表情的细微变化往往更能反映其内心深处的复杂心理变化。因此，与这类人交谈时，必须仔细观察，抓住其细微的表情变化，以此窥探他们内心最真实的想法。

小美与男友相恋了大半年，感情还算不错。虽然闺蜜一直跟小美说"很多人都反映你的男友很花心，能断尽快断，否则时间久了再断，受伤的就是你了"，但小美不信，她一向认为"看到的才是事实"。

有次他们在一个酒吧中约会，明明小美的右边有位置，男友却不愿坐在右边，而是要和小美换座位。小美没有在意，以为男友只是习惯坐那一边。

后来，小美去了一趟卫生间，回来时，发现男友正在与他身边的一位美女亲热而又暧昧地聊天。此时，她才相信闺蜜所说的：原来男友真的是一个花花公子！

但小美并没有上前大闹一场，而是若无其事地走到男友身边说："聊着呢？"男友立刻回头，讪讪地笑了一下。小美像突然想起什么说道："对了，你刚刚为什么跟我换座呢？"男友支支吾吾道："不是常说男左女右吗？我喜欢你坐在我右边。"

此时，小美发现男友的表情极其不自然，分明是在掩饰自己的情绪。而且他的左脸与右脸的表情也不一样，左脸有些尴尬，而右脸却显得很平和。小美这才想起男友每次撒谎都会有这种表情，她也突然想到闺蜜曾告诉她的一句话"左脸比右脸更可靠"。顿时，她终于明白原来男友一直在对自己撒谎。

小美立刻站起来对男友说："我们分手吧，你继续和你旁边的美女海聊吧！再见！不对，永远不再见了！"

FBI 心理专家研究表示，无论何种面部表情，都是由 6 种基本情绪引发的，它们分别是悲伤、快乐、惊讶、恐惧、愤怒和厌恶。在此，我们就跟随 FBI 心理专家探究一下产生这些情绪时可能出现的面部表情动作。

悲伤

FBI 心理专家分析，当人们处于悲伤的情绪下时，眉毛会下意识地下垂，眼角也出现下拉的动作，嘴角也会随之下拉，还可能会出现流泪的表情。但是，对于很多成年人来说，经常会由于年龄或是场合等原因选择掩饰自己的悲伤情绪，因而不容易被人识别出来。但是对于婴幼儿来说，他们在悲伤时常常会出现这些表情，并伴随大声哭泣。

快乐

FBI 心理专家分析，当人处于快乐的情绪中时，一般来说，额头会平展开来，眼睛也随之变得明亮，面颊向上提起，嘴角则会向后拉。如果高兴得笑出声来，则面部肌肉的运动幅度会随之加大，而眼睛也随之变得更加明亮。

惊讶

当人们处于惊讶的情绪状态时，眉毛会不由自主地挑起，睁大眼睛并呈现出关注的状态，下颌会自然张开，嘴巴也随之张开，用于轻微、快速地吸气。

恐惧

当人们处于恐惧的情绪状态时，额头和眉毛会呈现自然平直的状态。当眼睛睁大时，额头会出现抬高或者平行的皱纹，眉毛也会微微皱起，上眼睑向上抬起，下眼睑向下张开，嘴巴也微微张开。极度恐惧时，面部肌肉就会变得更加紧张，嘴角也会向后拉，双唇紧紧地贴住牙齿。

愤怒

当人们处于愤怒的情绪状态时，额头和眉毛会向里侧皱起，目光凝视对方，鼻翼向外扩张，嘴巴呈现方形或是紧闭。一般来说，愤怒常常与不屑、厌恶等表情相结合，是一种充满敌意的情绪。

厌恶

当人们处于厌恶的情绪状态时，额头和眉毛也会向里皱起，鼻头同样会皱起，嘴巴微微张开，牙齿紧闭，嘴角向上拉起。如果有不屑的表情出现，嘴角则会翘起，露出不完整的微笑。

观察面部表情的变化，除了能够读出人们内心的情绪变化外，还可以通过表情推断他人的性格。FBI 心理专家分析，由于每个人的性格不同，因而在同一种情绪下，人的表情也可能不同。

比如，当遇到开心的事情时，性格爽朗的人可能会开怀大笑；性格腼腆的人则可能是捂着嘴巴或是抿嘴笑笑；性格沉闷的人，则是露出一丝苦笑。所以，经常面带笑容，面部肌肉就会呈现自然放松的状态，心态也会比较开朗、健康；而经常愁眉苦脸的人，面部肌肉就会呈现紧绷的状态，性格也不够稳定，久而久之，脾气会变得异常暴躁，心胸也变得更加狭窄。

第二章
FBI 教你无处安放的“手”之秘密

　　有研究表明，当人们的情绪发生突然变化时，手部动作也会随之发生变化。它就像情绪的“代言人”，随时反映人们的内心活动。

　　在日常生活中，我们经常看到有些人会做出手部小动作，很多人都以为这些小动作是非常不起眼的，没有特别的意义。殊不知，它不仅能向人们传递更多的信息，而且还能细腻地刻画出人们的内心情绪。

第一节　不同的握手动作传递不同的信息

正值假期，FBI 特工贝利与朋友去参加一个宴会。可是，当宴会进行到一半时，一位客人突然晕倒在地。本来，大家以为他可能身体不适，可当贝利走到那位客人跟前，帮其检查时，发现他并非晕倒，而是中毒身亡。这让在场的人非常惊慌，大家都议论纷纷。

身为 FBI 特工的贝利沉着冷静，示意大家都安静下来，并向客人们亮明了自己的身份，随后打电话叫来其他同事帮忙。

在对在场的人进行询问的过程中，贝利特工采取先礼后兵的策略。他与出现在宴会中的每个人先握手，相互介绍后再询问。

当贝利与一名男侍者握手时，起初，他的手是比较干燥的，但贝利与其谈了几个与案件有关的话题后，再握手以结束谈话时，他的手心就变得湿漉漉的，而且目光一直躲避贝利。他的这种反常表现引起了贝利的注意。贝利故意开玩笑说："先生，您是刚刚从卫生间洗手回来吗？"那名侍者镇定自若地回答道："不是的，警官，我天生就是多汗症，经常大汗淋漓的。"

可是，贝利仔细观察他的脸部，却没有出现一星半点的汗珠。因此，贝利推定这名侍者在撒谎，他与这起谋杀案脱不了干系。

经过一段时间的审讯，那名侍者渐渐地扛不住了。最终，他承认了是他在酒中下毒，因为他与那名客人结怨已久。

握手这一动作起源于古代的一种手势——大家见面时会将双手举起，以表示自己没有带武器。现如今，握手已经成为全世界表达问候的通用礼节之一。握手的动作虽然很简单，但是不同的握手方式其含义也是不同的。案例中 FBI 特工贝利正是通过与那名嫌疑人握手，观察其手部变化，才发现了其中端倪，从而顺利破案。

其实，不仅是在破案中，在人际交往中，如果我们握到一只湿漉漉的手，就可以判断对方此时内心十分紧张或焦虑，抑或是试图隐藏自己内心的想法。因此，礼仪专家建议，当与人握手时，如果自己因为紧张而手心出汗，应该先擦掉这些汗渍，并减少自己手掌与他人手掌的接触面积，一是表示对他人的尊重，二是可以掩饰自己的内心变化。

可以说，手是身体表达情绪的一个灵敏部位。不同的握手姿势、力度等也往往流露出不同的内心状态。FBI 心理专家认为，每个人在握手时所采取的方式可以直观地反映出他的个性和处事态度。

与他人握手力度很大，表明此人比较自信、热情、坦率、精力充沛等；与他人握手力度适中，双眼注视对方，表明此人性格刚毅、有责任感、思维缜密，是一个值得信赖的人；与他人握手时缺乏力度，手掌比较僵硬，则表明此人做事消极、缺乏干劲，性格内向而懦弱。

加拿大形象设计师凯伦曾说："握手是一门如此有趣的艺术，它让我们在瞬间产生种种推测和判断，握手的信息是无言的，但它却是那么丰富和微妙。握手是如此的感性，但它却在对方开口之前，让我们感受到他的内心活动。"

既然握手的艺术如此有趣，在此，我们就来全面了解一下不同的握手姿势所隐藏的心理秘密：

握手时采用拉手式

拉手式是指与对方握手时，用手温柔地拉起对方的手。一般来说，是用自己的右手去拉对方的左手，同时，用自己的左手拉对方的右手。有时候，还会增加一个拥抱的动作。FBI 心理专家分析，这一动作通常表示握手者希望能够帮助对方，并陪着他／她一起渡过难关。

比如，莹莹得知好友的外婆刚刚去世，她拉着好友的手说："别太难过了，人死不能复生。"然后，莹莹给了好友一个温暖的拥抱，并一直在旁边陪着她、安慰她。

握手时久久不放

FBI 心理专家分析，当与人握手时，握手者总是握住他人的手久久不放，表面看来，此人非常热情，其实他／她意在掌控局面，借此机会谈论自己的话题。比如，当与他人进行谈判时，有的人就会有这种握手动作，而对方碍于面子，只能听他讲话。

握手时比较恭顺

这种握手动作是指将手的掌心向上或是朝左上方的方向伸出。FBI 心理专家分析，一般来说，经常采用这种握手方式是表示握手者对他人的尊重和敬仰，或是表示自己的谦和。比如，孙豪是一名销售人员，每次外出见客户时，在与他人交谈前，他都是采用比较恭顺的握手方式。因此，他的客户人脉是全公司最广的。自然，他的业绩也是最棒的。

握手时软弱无力

FBI 心理专家分析，当与人交谈时，伸出去的手软弱无力，会让他人感到自己受怠慢。比如，在日常生活中，当我们面对推销人员上门推销商品时，就会采用这种握手方式，非常不情愿地将手递过去。当然，也有人采取不搭理的态度。因此，礼仪专家建议，当我们与人握手时还需注意手的力度，既不可以太无力，也不能太用力，而是尽量与对方的力度保持一致。

握手时只捏住手指

这种握手动作是指当与他人握手时，只是用手指握住对方的几根手指或指尖，掌心却不与对方接触。对此，FBI 心理专家分析，采用这种握手动作的人性格比较敏感，情绪容易激动，但心地善良，富有同情心。如果同性之间采用这种握手方式，表示关系比较生疏、冷淡；异性之间则表示矜持、稳重。

除了以上几种握手动作之外，FBI 心理专家还为我们总结了握手所要注意的细节：注意握手的时间。一般来说，握手时间保持在 3 ～ 5 秒为最好。初次见面，握手时间不宜过长，而老朋友相见，则可以适当延长时间；男士与女士握手，时间也不宜过长，长时间握住女士的手是很不礼貌的。另外，握手时切忌目光游离，心不在焉、敷衍了事。

第二节 拇指："翘"动内心情绪的大门

审讯室中，两位 FBI 特工正在审问一起爆炸案的嫌疑人。可是目前，警方掌握的有关爆炸案的证据少之又少，只能寄希望于从嫌疑人口中得到更多的信息。

在审讯的过程中，一位 FBI 特工发现有名嫌疑人总是下意识地用嘴巴咬着大拇指，而且眼睛不敢与其对视，似乎在努力缓解自己紧张不安的情绪。他的这一动作引起了 FBI 特工的注意，他们开始对这名嫌疑人集中"火力"审问。

最终，这名嫌疑人在重压之下交代了犯罪事实：他是受人胁迫参与这起爆炸案的。同时，他也供出了其他几名犯罪嫌疑人。

在日常生活和工作中，不管我们做什么都离不开大拇指的帮助，它是身体上最重要的部位之一，比如拿东西、吃饭、写字等。除此之外，大拇指在肢体语言中也起着非常重要的作用，它是窥探人们内心真实世界的有效途径。案例中的嫌疑人由于内心异常紧张不安，才会不自觉地用手咬大拇指，以此换得内心的平静。FBI 特工正是发现了他的这一动作，才对其严加审问，最终抓住了其他嫌疑人。

众所周知，当向他人竖大拇指时，是表示赞赏和敬佩的意思。但在不同的国家，竖大拇指这个动作的含义还不太一样。比如，在美国、法国等国家，在路边伸出大拇指表示搭便车的意思；在墨西哥、荷兰等国家，伸出大拇指则表示祈祷、幸运的意思；而在澳大利亚，对人竖大拇指则是一种粗野的动作。

而向下伸出大拇指，在各个国家的含义也有所不同。比如，在中国，这一动作有贬低的意味；在澳大利亚，则是表示讥笑和嘲讽的意思；在美国、英国等国则表示不同意、不能接受的意思；在泰国、缅甸等国则表示失败的意思。

其实，大拇指动作不仅因为不同地域而含义不同，而且不同的拇指动作反映的内心情绪也大不一样。对此，FBI 心理专家为我们总结出不同拇指动作所包含的意义：

抓住衣领时伸出拇指

FBI 心理专家分析，做出这一动作的人，表明其非常有自信，并且拥有一定的权力，对自己的评价很高，对现状很满意。因为大拇指有"首屈一指"之意，因此，一些成功人士总是喜欢做出这一动作。FBI 心理专家经过研究发现，一些成功人士拍照片时，总会不自觉地在抓住衣领时伸出大拇指。

竖起大拇指

在日常生活中，竖起大拇指大多数情况下都是表达赞许之意。大拇指有"第一""独占鳌头"等意思。FBI 心理专家分析，这一动作通常有渲染气氛的用意，是辅助性的手势。

魏杰是一位爱心人士，每隔一段时间都会去大山里做义工，帮助那里的孩子。一天，由于雨雪路滑，他无法在当天回到市里，只能暂住在山里一位淳朴的大嫂家中。

大嫂知道他是城里人，担心他住不惯，就不好意思地说："小兄弟，我们住的地方比较寒酸，而且也比较小，你先委屈住一晚吧。"魏杰立刻回应道："哪里的话，是我打扰到你了。"然后，他又竖起拇指，微笑着对大嫂说："这个地方很温馨，非常不错！"一下子化解了大嫂的拘谨和不安。

咬或者吮吸拇指

FBI 心理专家分析，做出这一动作，表示此人正处于紧张不安或是忧虑的心态下，由于惊慌而感到不知所措。通过咬或者吮吸拇指，以缓解内心的紧张。

十指交叉紧握并竖起大拇指

FBI 心理专家分析，十指交叉本是一种不自信的表现，但是十指交叉并将拇指竖起，表明自我感觉非常好，也反映出一个人性格比较强硬和自我。比如，有些知名人士在演讲时常常做出这一动作，以显示自我优越感，竖起的拇指意在强调自己是某一方面的权威。

用拇指指向别人

FBI 心理专家分析，这一动作有嘲弄和不礼貌的含意，很容易激怒对方。通常来说，很多男性会做出这一动作，以讽刺所要嘲弄的对象。除此之外，做出这一动作的人往往比较自负。

在一次家庭聚会中，赵宇不知为何与妻子发生了争吵。在众人的劝解下，争吵好不容易才停下来。但是赵宇依然没有消气，斜着身子，用拇指指向其他人的妻子说："全天下的女人都是这样！"

这一动作让其他女性非常生气，从此以后，她们再也没有同赵宇聚会过。

第三节 "指尖上的心情"：不同的指尖动作

FBI 接到一起绑架案，报案的是一位年轻妈妈，她的孩子只有两岁。她声称，她带孩子去商场购买生活用品，可在买完东西去停车场取车时，孩子却被绑架了。她一边向 FBI 特工悲伤地诉说着，一边使用强烈的肢体语言来表现自己的焦虑和慌张。

起初，那位年轻的妈妈在讲述事发经过时，十指交叉紧扣着。但是，没过多久，她的手指随着特工的提问而发生了变化：紧扣的力度越来越大，手指的局部区域还出现颜色变化，有些发白。随后，手指开始向上伸直，并不断上下搓动。

这一系列动作引起了一位特工的注意，表面看来，这位年轻妈妈似乎非常着急和担心，但是她的动作却传递出了内心的不自信和撒谎的信号。

经过 FBI 深入调查发现，其实，绑架案根本就是这位年轻妈妈编造出来的。面对诸多证据，她最终承认是自己用塑料袋窒息的方法杀死了年仅 2 岁的孩子。

在与人交往的过程中，我们可以从指尖上的不同动作洞悉他们内在的心理活动。当人处于自信状态时，会通过一些辅助动作来强调自己讲的话，以让他人听得更明白。反之，当人不自信时，为了掩饰和隐藏自己的情绪，经常会采用某些手指动作来弥补。可是，这些动作往往起到画蛇添足的作用，从而出卖了自己的真实想法和感受。

案例中那位年轻的妈妈本想以巧妙的伪装向 FBI 特工们展示自己是一名受害者，可是，在她讲述事件经过的过程中，她画蛇添足的手指动作却暴露了她内心的真实想法。讲述事发经过时，十指交叉紧扣表明她极度不自信。当特工问及相关问题时，她则手指向上伸直，并上下搓动，这表明她处于不安和压力之下，想以此掩饰自己的内心活动。FBI 特工正是通过这些动作发现了她说谎的蛛丝马迹，从而成功破案。

其实，在日常生活中，我们经常看到人们通过手指来表达自己的内心情绪。当小孩子想让爸妈给自己买礼物时，总是喜欢十指交叉紧扣，像是在祈祷一样，这是由于没有得到父母的同意而心急的表现；当销售人员向顾客推销产品，希望对方尽快决定购买时，就会做出用指尖搓手掌的动作，这表明他对顾客可能给出的回答没有自信。

有研究表明，与那些自信的人相比，不自信的人总是通过增加手指上的动作来祈求获得更多的信心和力量，以安抚自己内心紧张不安的情绪。

在此，我们就跟随 FBI 心理专家一起解读不同的指尖动作所流露出的高自信和低自信：

手指摆成尖塔式

即双手的手指张开，做出与合掌非常相似的动作，但并不是十指交叉，手掌也不互相接触。这一动作如同是教堂的塔尖，因此，它被称为"尖塔式手势"。FBI 心理专家认为，这是最具自信的动作，能够准确地揭示人的真实想法。如果是在法庭上，证人想要法官、陪审团相信自己所说的话，完全可以用手指摆出尖塔式动作，这会让自己的证词更具有说服力和可信度。

伊拉克前总统萨达姆在特别法庭上出现的时间虽然只有三十分钟，但美国亚特兰大的心理学家帕蒂·沃德却通过他的手部动作对其心理状态进行了评估。起初，萨达姆的两只手的手指张开，做出"尖塔式手势"，表明他相当自信，向他人显示自己曾拥有的权力。但后来，他的内心防线渐渐被击溃，做出尖塔式手势的手指开始交织在一起，呈现出祈祷的状态，表明他此刻非常焦虑。

将拇指竖起

FBI心理专家经过研究发现，这一动作经常出现在高度自信的人身上，他们对自己的评价很高或是对自己目前的状况非常满意。除此之外，我们还可以从一些成功人士的身上发现，他们在将手插进衣服口袋时，拇指常常伸出口袋，这也是一种高度自信的表现。比如，在办公室中，经常会看到职位比较高的领导在巡视员工时做出这一动作：手插在口袋中，拇指却伸在外面。

十指交叉紧扣

FBI心理专家分析，这个动作是一种极度不自信的体现，表明此人感到非常无助，内心正处于焦躁不安的状态。同时，随着手指紧扣力度的增大，手指的颜色也有可能发生变化，部分区域会变白，这表明此人的内心更加紧张不安。就像案例中那位向FBI报案的年轻妈妈。

用指尖搓掌心

FBI心理专家分析，这一动作是非常不自信的表现，经常用于缓解人紧张不安的心情。尤其是那些身处困境的人，想向他人提出援助请求时会做出这一动作。

邱明因为投资失败而导致公司无法运转，这让一向好强的他不知如何向亲朋好友开口。

与几个好哥们在一起吃饭时，他由于不知道如何开口而一直用手指搓着掌心。几个好哥们都与他交情甚深，对他的事情本来就有耳闻，当看到他这一动作时，明白他遭遇困境，并且心情非常窘迫。

因此，为了照顾他的面子，在饭局结束后，他们偷偷将银行卡放在他的外套中，并在上面附上密码。

另外，还有其他一些手指动作值得我们了解一下：

用手指做出"V"手势

即伸出食指和中指，而其他手指则保持弯曲的状态，手心向外，犹如英文字母"V"的形状。这个动作是表示胜利的意思，最早是由英国前首相温斯顿·丘吉尔发明的。

在二战中，英国与德国对抗时处于非常不利的地位。身为英国首相的丘吉尔就使用了这一动作，表示"victory（胜利）"的意思，以鼓励英国人民和英军将士保家卫国，与法西斯奋战到底。

后来，这一动作备受世人的欢迎和喜爱，风靡全世界，在各种庆祝胜利的场合中人们都会使用这一动作。

不过，值得注意的是，如果将手心向内做出这样的动作，在英国、新西兰、澳大利亚等国则表示一种侮辱的意思。

用手指做出"O"形的动作

即将食指和拇指的两个指尖连在一起，而其他的手指则稍微弯曲而构成"O"形的手势。这一动作表示一切妥当等意思，相当于英语中"OK"的意思。

第四节　了如指"掌"：捕捉掌上传递的信号

审讯室中，FBI特工抓到几名枪击案的犯罪嫌疑人，但是还没有充分的证据定他们的罪。正当FBI陷入一筹莫展之际，调查人员送来一些资料。当一位特工将资料中的一个叫"克瑞斯"的人的名字读出来时，其中一个犯罪嫌疑人的手掌不由得颤抖了一下。

这一动作被另一位特工看在眼里，他故意又念了其他几个人的名字，以测试他的反应。此时，那名嫌疑人不为所动。可是，当特工再次提到"克瑞斯"时，那名嫌疑人的手掌不由得再次抖动起来，同时，表情也有些焦躁。因此，特工怀疑这个犯罪嫌疑人与"克瑞斯"必然有瓜葛。

后来，经过特工们的深入调查发现，那个名叫"克瑞斯"的人是个枪支贩子，曾与手掌颤抖的犯罪嫌疑人频繁接触。审问克瑞斯还发现了其他几个涉嫌枪击案的嫌疑犯。

在多数情况下，我们会通过眼睛、眉毛等动作洞悉他人的内心活动，却将一个重要的身体部位——手掌忽略了。有研究表明，当人在压力和紧张的环境下，神经递质和肾上腺素之类的激素分泌就会增加，从而引起手掌颤抖。案例中的犯罪嫌疑人正是由于处于紧张和压力的环境中，身体会下意识地做出一种应激反应，即手掌出现颤抖，表明他的内心非常紧张。FBI特工正是捕捉到这一动作，才顺藤摸瓜将其绳之以法。

在日常生活中，我们经常会看到手掌颤抖的情况：一个人走在漆黑的夜路上，手掌会不自觉地颤抖；第一次上台演讲却不小心念错了，手掌也会不由自主地颤抖；家人遭遇车祸，正在急救室抢救，守在手术室外的人，手掌同样会不自觉地颤抖起来。这些情况都是由于内心紧张而造成的手掌颤抖动作。

不过，手掌颤抖除了代表紧张、害怕之外，当人处于兴奋、激动的状态时，手掌也会不由自主地颤抖起来：刚刚下了飞机或者火车，意外看到有亲人或朋友前来迎接，心情异常激动，手掌就会不由得颤抖；买彩票意外中了五百万，手掌也会颤抖起来。

因此，在与人交往的过程中，发现他人由于激动、兴奋而手掌颤抖，我们可以主动上前与其分享这份喜悦。

不过，手掌颤抖还存在某些特殊的情况。比如，对于一些患有神经性疾病或是长期服用酒精、咖啡因的人，他们的手掌颤抖只是一种病症的表现。

那么，还有哪些掌中秘密是我们不知道的呢？在此，我们就与 FBI 心理专家一起探索不同的手掌动作所传递的心理信号：

将手掌摊开

FBI 心理专家表示，在大多数情况下，将手掌摊开表示坦白和真诚。这一动作似乎在告诉他人："我已经毫无保留地告诉你了。"FBI 心理专家曾断言："判断一个人是否坦率与真诚，最有效的、最直观的方法就是观察其手姿是否双手摊开。"在法庭上，很多证人会伸出手掌以证明自己所说证词的真实性；在教堂中，很多牧师都会左手拿着《圣经》，向教众伸出右掌以示爱心。因此，想要观察他人说话是否真诚，不妨仔细观察其手掌动作。

不过，虽然将手掌摊开表示坦白和真诚，但是有些人在说谎时也会做出这一动作，意在让自己的谎言更加可信。因此，我们还要学会仔细辨别，不仅要看他／她的手掌动作，还要仔细地观察其他肢体动作。因为有的人在撒谎时，虽然他们微笑着摊开双手，但是肢体动作却显得有些僵硬和不协调，比如，瞳孔收缩、笑容扭曲等。

晚上下班回家，丈夫拿着这个月的工资上交给妻子。

妻子问："全部都上交了吗？还有没有保留？"

丈夫摊开双手，微笑着回答道："老婆大人，我已毫无保留地全部上交了。"

可是，妻子并没有发现，丈夫脸上堆起的笑容充满了假意。在说话时，瞳孔也不自觉地出现收缩的动作。其实，丈夫私藏了一千块钱。

将手掌隐藏起来

FBI 心理专家分析，这一动作通常表示撒谎。它来源于孩童时期，当孩子在撒谎或是隐瞒真相时，就会习惯性地将手掌藏在身后。随着年龄的增长，这个习惯依然没有改变，但成年人并不像小孩那样将手藏在背后，而是下意识地将手藏起来。因此，当我们与人交往时，发现对方做出这一动作，表示他／她说话有所保留，不要轻易相信对方。

6 岁的小亮偷偷地从妈妈的钱包里拿了十块钱，妈妈发现后问小亮："你有没有拿妈妈钱包里的钱？"

小亮将手掌藏在背后，脚不自觉地往后退，摇着头回答道："没有。"

妈妈知道小亮在撒谎，后来，在他卧室的枕头下面找到了那十块钱。于是，妈妈语重心长地对小亮说："需要钱要跟妈妈说，不能在妈妈不知情的情况下拿钱，更不能撒谎。"果然，小亮从此变成了一个诚实的好孩子。

丈夫正坐在沙发上看电视，妻子从卧室走出来问："昨晚怎么这么晚才回来呢？"

丈夫平静地回答："与客户吃饭去了。"

可是，丈夫在说这话时，下意识地将手藏在了口袋中。善于察言观色的妻子看到这一动作后，知道丈夫在撒谎，但并没有拆穿，她知道丈夫去朋友家看球赛去了。

之后，妻子对丈夫格外关心和体贴，慢慢地，丈夫晚回家的情况越来越少了。

第五节 情绪的"代言人"：
无法隐藏的手部动作

FBI接手一起银行盗窃案。于是，主管史蒂夫立刻带着特工们前去调查。经过FBI特工的深入调查发现，这起盗窃案很有可能是监守自盗，银行内部人员作案的嫌疑比较大。于是，史蒂夫将嫌疑最大的几名员工带到会议室——审问。

当史蒂夫审问银行的业务经理时，发现他的手慢慢地离开了桌面，想要将手藏起来。看到这一动作后，史蒂夫推定他与银行盗窃案必然有关系，他似乎在隐瞒什么。

果然，经过特工们对那位业务经理的深入调查发现，他沉迷于赌博，在赌桌上已赌输得倾家荡产。因为他一直不悔改，妻子也无奈地离开了他。

后来，在FBI特工的仔细盘问下，那名业务经理终于供认不讳：承认是他盗窃银行钱财用于赌博。

有研究表明，当人们的情绪发生突然变化时，手部动作也会随之发生变化。它就像情绪的"代言人"，随时反映人们的内心活动。案例中的FBI主管史蒂夫正是发现嫌疑人手部动作的突然转换，从而判断他在隐瞒真相。而且，嫌疑人的动作是一种逃离的动作，想要逃避FBI特工的审问。

在日常生活中，我们经常看到有些人会做出手部小动作，很多人都以为这些小动作是非常不起眼的，没有特别的意义。殊不知，它不仅能向人们传递更多的信息，而且还能细腻地刻画出人们的内心情绪。

比如，与人交谈时，用嘴咬指甲，表明此人正处于内心不安的状态下；手不停地摆弄身边的某些物品，表明此人可能有两种情绪：紧张不安或是心不在焉；手放在脑后，并双腿伸长，身体后仰，表示此人处于放松的心态，或是产生拒绝别人的心理。

那么，还有哪些作为情绪"代言人"的手部动作是我们不了解的呢？在此，我们跟着 FBI 心理专家一起剖析一下：

双手做出推开的动作

这一动作是指双手抬起，一前一后或是并排向外推出。FBI 心理专家分析，这一动作表明防备、拒绝、保护之意。当人遭遇外界刺激或威胁时，会下意识地举起双手，做出推开的动作。

FBI 心理专家曾做过这样一个实验：他邀请 10 个人参与实验，并将他们的双眼蒙住，让其在空旷的场地上摸索前进。同时，还在他们的必经之路上设置一些障碍物。

通过实验发现，所有人在不小心碰到障碍物后，会迅速地伸出双手做出推开障碍物的动作。做出这一动作是人的本能反应，以保护自己，拒绝或是抵御外来的刺激和威胁。

双手紧握成拳状

FBI 心理专家分析，做出这一动作的人，通常情况下是因为被他人的言行激怒或感到很难过，但又不想将这种情绪表达出来。因此，就会采用这种自我压抑的动作来控制自己。

比如，小于因为年终报告没有写完而受到主管的批评。可是，主管在批评时越说越离谱，甚至上升到人身攻击。可小于为了保住饭碗，双手紧握成拳，以此压抑自己的愤怒情绪。

搓手掌

FBI 心理专家分析，做出这一动作的人不仅仅是因为冷而搓手取暖，也代表内心的一种期许，期待某件事能够成功的心情。如果搓手的速度比较慢，表明其在下定决心做某件事前，还有些犹豫不决；如果快速地搓动手掌，则表明心情非常急切，对某件事抱着跃跃欲试的心理。

当员工潘怡将自己的计划书交给老板时，她快速地搓着手，希望计划书能够通过，以让自己"一展拳脚"。可是，当她看到老板不紧不慢地搓着手时，她知道老板还需要考虑一段时间。于是，她只好回到自己的工位上等消息。

双手握拳敲打物品

FBI 心理专家分析，当人处在后悔和惋惜中时往往会做出这一动作，以此发泄自己的情绪。这一动作源自于孩提时期，当孩子在学校犯错后，老师经常会以打手作为惩戒，让学生们感受手部的疼痛，提醒他们不要忘了这个教训。而长大成人后，人们常常会使用这一动作来表示后悔和惋惜。

钱峰是一名销售人员，经过一个多月的"艰苦奋战"，终于谈下了一个大单。可在签约当天，钱峰却因为准备不充分而导致客户愤然离去。错失这一机会，让钱峰深感后悔和惋惜，不禁双手握紧拳头，狠狠地敲打桌子。

双手重叠并握紧成弯曲状

有研究显示，如果这一动作出现在谈判中，表明此人对自己的话题已经有些力不从心，内心产生了一种挫败感。另外，这种挫败感还会随着双手摆放的位置而发生变化：当这一动作从身体中间部位移动到身体下方位置，表明挫败感在逐渐增加。FBI 心理专家分析，这一动作通常出现在焦虑或是拘谨的情绪下。

比如，在电视剧或电影的谈判场景中，如果有人做出双手重叠并握紧成弯曲状的动作，摆放在桌面上，表明另一方想与其再沟通下去是比较困难的。可是，如果他紧握的双手放置在身体下部，另一方便可以乘胜追击，把握机会，尽快结束这场谈判。

双手插在口袋中

这一动作在日常生活中经常看到：天冷时，有的人会下意识地将双手插在口袋中，以抵御寒冷。但 FBI 心理专家分析，如果不是在寒冷的季节或是由于一些特殊的情况而做出这一动作，则表明当事人是在约束自己的行为，或是对眼前的事情漠不关心，不想参与其中。

一场大雪过后，道路变得非常湿滑，一位大爷不小心跌倒在地。两个年轻人正好路过，看到这一情景，其中一个小伙子立刻走上前去帮忙，而另一个年轻人则将双手插在兜里，慢腾腾地走上前。

第六节　用手触摸身体部位的"暗语"

罗尔不仅是一位出色的FBI特工，还是一位有名的肢体语言学家。每次进行审讯时，都少不了他的身影。

近日，罗尔与其他特工一起审问一名涉嫌谋杀的嫌疑人。可是那名犯罪嫌疑人却矢口否认自己杀了人，还称自己有不在场的证据。但经警方查证，他所说的不在场证据根本不存在。

对于这样一个谎话连篇的嫌疑人，想让其开口说真话着实不易。但罗尔在审讯过程中却敏锐地发现，那名犯罪嫌疑人在说谎话时总是下意识地用手抚摸自己的脖子，眼睛也不敢与罗尔对视。

因此，特工们步步紧逼，最终击破了犯罪嫌疑人的心理防线。最后，他对犯罪事实供认不讳。

经过研究发现，当人在撒谎时，面部或颈部组织会产生刺痛感，导致人们不由自主地触摸。案例中的FBI特工罗尔正是发现犯罪嫌疑人用手触摸脖子这一动作，洞悉他在说谎，从而找到突破口，成功击破其心理防线，让其吐露真言。

其实，在日常生活中，我们不难发现用手触摸脖子并说谎的情况：不小心将办公室的饮水机弄坏了，当他人询问时，当事人虽然表面上故作惊讶，但是手却下意识地触摸脖子；丈夫下班去朋友家看球赛，面对妻子的质问，虽然轻描淡写地回答是由于加班才晚回家，但手却不由自主地触摸脖子。

因此，在与他人交谈过程中，发现对方做出这一动作时很有可能是说谎或是言不由衷。即使表面上认可我们，但内心必然还存在抗拒的情绪。

不过，用手触摸脖子除了表示撒谎外，在不同的场合下它所具备的含义也各不相同：

如果用手抓或是挠脖子，表示不确定或是怀疑某事。比如，当领导询问这一计划是否可以实施时，员工就会不由自主地做出这一动作，意思即是说："我不太确定。"

如果低着头触摸脖子，则表示恭维之意。尤其是初次见面的男女，当女方提议："吃完饭我们去看电影吧？"为了博取女生的好感，男生就会下意识地做出这一动作，意在表示："去哪里都可以，只要你开心就好。"

那么，还有哪些用手触摸身体部位的"暗语"是我们所不了解的呢？在此，我们就来学习一下。

用手触摸或拉耳垂

FBI 心理专家分析，与人谈话时，如果对方做出这一动作，表明他／她不想听你一直说下去，而是想要打断谈话，趁机发表自己的意见。比如，在小学时代时，我们总是先举手后发言，可是虽然有举手的欲望，但是又害怕答不对问题。因此，就会用手触摸或拉耳垂来代替。久而久之，就会形成一种习惯，成年后依然保持下来。

FBI 心理专家研究发现，希特勒就特别喜欢用手触摸或拉耳垂，这可能与其幼年的生活遭遇有关，同时，也可以看出他神经质的特征。

用手揉擦眼睛

FBI 心理专家分析，当与人交谈时，对方做出这一动作，表明此人正在说谎。用手揉擦眼睛，是避免自己正视他人的脸，这是一种下意识的动作。因此，在人际交往中，当对方说话时用手揉擦眼睛，我们要对他／她所说的话的真实性打一个问号。

一对情侣在逛商场。女生正在试一件衣服，试完后走出衣帽间，对男生说："亲爱的，你看我穿这件衣服好看吗？"

男生一边用手揉擦眼睛，一边回答道："好看。"

女生立刻生气了，她知道男友在说谎，气愤地换下衣服，离开了商场。

用手拨弄头发

FBI 心理专家分析，当人们用手拨弄头发时，表示他们此刻感到孤独和不安。这个动作经常出现在女性身上，被 FBI 心理专家称为"自我亲密"。尤其是面对男友时，当女性用手拨弄头发，是在向男友传递"希望你多多关心和照顾我"的信息。因此，男性面对这一动作，不应该视而不见，而是要对自己的女友多加关心。

用手揉搓面部或挠头

FBI 心理专家分析，当与人交谈时，对方做出这两个动作，表明谈话进行得不顺畅，是一种消极的征兆。用手揉搓面部表明对方对你们所谈论的话题不感兴趣；用手挠头，则表明对方已经出现烦躁的情绪，只是还未爆发出来。因此，当他人做出这些动作时，我们应该换个话题继续谈话，否则会让彼此都陷入尴尬的境地。

在一场相亲会上，为了展现自己的博学多才和见多识广，王涛一直向女方谈论各种政事。但是，身边的女伴却不时用手揉搓面部或是挠挠头。可王涛没有觉察到，依然滔滔不绝地说着。

最终，他们的谈话不到半小时，就因女方有事而早早结束了，后续的发展也无从谈起。这让王涛很纳闷：难道她不喜欢知识渊博的人吗？

用手拍打前额或后脑勺

FBI 心理专家分析，喜欢用手拍打前额，表明这类人属于心直口快的类型，为人十分坦率和真诚，心里藏不住秘密，总喜欢把话直来直去说出来，因此常常被他人误会；喜欢拍打后脑勺，表明这类人性格比较冷酷，不太注重感情，喜欢利用别人，爱挑剔。不过，他们比较聪明，有主见，勇于创新和挑战，只是人缘不太好。

用手摸嘴巴

用手摸嘴巴和用手摸鼻子都是说谎的意思，用手摸鼻子已在上一章节中详细介绍过，在此就不再赘述了。FBI 心理专家分析，当与人交谈时，对方不自觉地用手摸或是遮嘴巴。那么，我们就要对此人说话的真实度多加留意了。

心理学家戴斯蒙·莫里斯曾做过这样一个实验：他邀请几位护士作为被测试者，让她们故意对病人的病情说谎。同时，通过录像观察她们的动作。经过实验发现，那些说谎的护士在说谎时会下意识地用手摸自己的嘴巴或是做出掩饰嘴部的动作。因此，FBI 心理专家得出结论：人们在说谎时，总会不自觉地用手去摸嘴巴。

一位导演在拍摄电影时，想让一位扮演"村长"的演员演出这样一番情景：为了推卸责任而支支吾吾，掩盖事实真相。可是，不管那位演员如何演，都达不到导演想要的效果。此时，一位摄影师提醒"村长"，在表演说谎时，不妨下意识地用手摸一下嘴。

仅仅这么一个微动作，立刻将这个说谎者演"活"了。自然，也获得导演的满意。

第三章
FBI 教你暗含玄机的腿脚信息

英国的心理学家经过研究发现，离大脑越远的身体部位，可信度就越高。的确如此，在我们与人交谈的过程中，往往只会注意对方的面部表情变化，而忽略了离大脑比较远的脚部动作。可FBI心理专家表示，脚的动作要远远比面部表情诚实得多。尤其是脚尖动作的变化，它不仅投射出人们的内心变化，更有我们想象不到的弦外之音。

第一节　腿脚抖动或轻摇：无法掩饰的心理变化

审讯室中，FBI 特工们已经审问一名嫌疑犯几个小时了，但是他依然不松口，也没有给出任何有意义的信号，这让特工们很着急。因为嫌疑人不开口，案件调查将无法进行下去。

可是，当 FBI 特工问他是否认识一个叫"艾尔德"的人时，还没来得及回答问题，嫌疑犯的双腿就已经出现了轻微的抖动。这一动作被另一位特工捕捉到了，他意识到这名嫌疑人必然与那个名叫艾尔德的人有关系。

后来，经过 FBI 调查得知，艾尔德曾与嫌疑人介入一起谋杀案，而最近发生的盗窃案，也是两人"合作"完成的。谁曾想，一个细微的腿部动作让这名嫌疑人和他的同伙不得不待在联邦监狱中。

FBI 心理专家曾做过这样的研究：当有陌生人靠近时，有的人会不自觉地抖动腿脚。内心的恐惧感越强，那么，腿脚抖动得就越厉害。除了冷和害怕外，人们心里感到紧张不安时，腿脚也会不由自主地抖动起来。案例中的犯罪嫌疑人正是因为听到同伙的名字，心里感到非常紧张，才下意识地抖动双腿，从而露出了破绽，被 FBI 特工敏锐地捕捉到。最终，FBI 成功将他们送到了监狱中。

其实，在日常生活中，我们仔细观察身边的人就会发现这类情况：当人心绪不宁时，腿脚会不由自主地抖动起来；当紧张或害怕时，腿脚也会不自觉地抖动；遇到无法解决的难题时，腿脚同样会下意识地抖动。

FBI心理专家表示，抖动腿脚其实是在抑制自己内心消极、负面情绪的爆发，而被强行抑制的情绪需要释放时，就会通过腿脚动作来缓解。因此，腿脚抖动得越厉害，表明此人内心越紧张不安或害怕。

某商场中，一个抢劫犯挟持了一名年仅十来岁的少年作为人质。抢劫犯用刀抵着少年的脖子，恶狠狠地说："不要妄图逃跑，否则我会用刀刺破你的喉咙。"

少年非常紧张地吞咽着唾沫，不敢声张，但双腿却抖成了筛子。

不过，在男性与女性身上出现腿脚抖动这一动作，意义却大不一样。FBI心理专家分析发现，在某些特定的场合中，大多数男性会因为精神高度紧张而出现腿脚抖动的情况，他们是想借助这一动作来缓解压力。比如，在结婚或是面试的场合中，虽然有的男性看起来昂首挺胸，但是他们的腿脚却会不由自主地轻微抖动起来。

而对于大多数女性来说，这个动作则是身体放松的表现。一般来说，当女性朋友参与自己感兴趣的话题，聊得不亦乐乎时，她们会不自觉地轻轻抖动双脚，表示她们心情愉快，身体放松。不过，当轻抖的双脚突然停止了，则表明她们对这个话题不感兴趣或是听到了一些不合时宜的话。此时，谈话者不妨转换话题或是注意自己的措辞。

不过，需要注意的是，在与长辈聊天时，腿脚抖动则被认为是一种不礼貌的行为。因此，长辈们经常会严厉制止这一行为。所以，抖动腿脚还需要考虑自己所处的环境。

而腿脚做出轻摇的动作，则表示两种意思：一种是借此动作表示内心的烦躁和不满，另一种则是抑制自己想要逃离的冲动。

丈夫下班回家后，刚刚躺在沙发上想看会儿电视休息一下。此时，妻子走过来，开始向丈夫絮叨："今天听说隔壁的邻居新买了一个空气加湿器，效果很不错。昨天，我去送孩子上学时，听说……"

此时，丈夫一边点头敷衍着，一边不自觉地轻摇着腿脚。

不过，腿脚轻摇并不单单是表示不耐烦，如果人们心情愉快或是遇到开心的事情，也会不自觉地做出这一动作。因此，当与他人聊天时，还要结合当时的环境来综合判断对方的内心活动，这样才能准确地解读这一动作的含义。

另外，FBI 心理专家指出，如果某人的脚从左右轻摇转向上下踢动，表明此人一定是看到或是听到不开心或是消极的事情。做出这一动作往往是下意识的，因此，很多人通常意识不到，但这却反映了人们内心的真实情绪。

因此，想要深入了解他人的内心活动，还需密切关注他们的腿脚动作。在此，我们就来了解一些常见的腿脚动作所暗含的玄机：

脚掌拍打地面

FBI 心理专家分析，经常做这类动作，表示此人比较自私、占有欲很强，凡事都喜欢以自我为中心。比如，当一个男性知道女友与其他男同事一起拍照、吃饭时，他不由自主地用脚掌拍打地面，以表达自己不满的情绪。

将一只脚放在另一条腿的后面

FBI 心理专家分析，与人交谈的过程中，当对方做出这一动作时，表明此人内心感到紧张或是不舒服。不管上半身表面看起来多么放松，但是内心却有些不安。比如，在面试时，看到诸多的面试者都在会议室等待，参加面试的孙明虽然正襟危坐，但还是不自觉地将一只脚放在了另一条腿的后面。

双脚离开地面并来回摆动

这一动作是指双腿悬在空中，双脚离开地面，并不停地摇来摇去，就像荡秋千似的。FBI心理专家分析，双脚主动离地，表明人的内心充满了安全感；双脚来回摆动，则表示内心不受约束，处在当前的环境中感到很自在。就像小孩子在荡秋千时都会非常开心，双腿在秋千上荡来荡去，代表心情非常舒畅。

一对情侣在商场买衣服，可是看来看去，都没有挑到女孩中意的衣服。女孩顿时很失落，很不开心地与男友离开了商场。

随后，他们来到一个公园，女孩坐在长椅上，男孩为了安慰女友，给女友买了她爱吃的冰淇淋。几分钟后，女孩吃着冰淇淋，双腿不由自主地离开了地面，并摇来摇去。

男友发现女友做出这一动作后，知道女友不快的情绪已经烟消云散了。于是，他主动找话题说："今晚我们去看电影吧！听说新上映的电影挺不错的。"女友也欢快地回应道："好的，没问题！听你安排！"

第二节 解读双腿交叠背后的心理秘密

近日，一家珠宝店中发生了一起抢劫案。FBI 接到报案后，立刻采取行动。他们通过看监控录像得知劫匪一共有 6 人，并且根据目击证人提供的线索抓到了十名嫌疑人。但是，这些被抓的嫌疑人一直否认自己是抢劫犯，这让 FBI 特工感到犯难。

此时，FBI 主管提议，不妨以观察嫌疑人在审讯中的体态动作作为突破口。于是，特工们将这十名嫌疑人带到有监控的审讯室中，并让他们并排坐着。起初，特工只是与其闲聊。紧接着，话锋一转，谈及劫案的相关问题。

很快，FBI 特工就揪出了 6 名劫匪。因为在谈及劫案的问题时，有 6 个人不由自主地做出双腿交叠或是脚踝紧紧扣住的动作，并且身体的重心向后仰，倚靠在后面的墙上。

这让特工们及时读懂了其中的讯息：紧张、害怕。同时，他们还想凭借这一动作来让自己放松。这种矛盾的心态被 FBI 特工洞悉，最终，将劫匪全部绳之以法。

腿脚是人们最诚实的语言，它能够真实地反映人们的内心变化。案例中的 FBI 特工正是发现嫌疑人在回答问题时双腿交叠或是脚踝紧紧扣住，并且将身体的重心靠在后面的墙上，从而读出这一动作传递的负面信息：紧张不安、警惕、戒备，想要拒绝回答问题，同时还想借这一动作来让自已放松，从而将他们一一揪出。

可见，双腿交叠传递的是一种负面信息。对此，FBI心理专家曾做过一项实验：他与一位业绩做得比较好的年轻推销员聊天。起初，当FBI心理专家问及他工作做得是否开心时，他点头回答道："非常有趣。"但他的两条腿却交叠着，与他的说法很不一致。

于是，FBI心理专家站在对方的角度讲述推销员的辛苦和不容易，并对他表达了敬意。渐渐地，那名推销员也不再隐藏自己的情感，双腿逐渐打开，并摊开手掌，向FBI心理专家大倒苦水。

此时，年轻推销员的口头语言才与他所做出的肢体动作一致。可见，肢体语言能够真实地反映人的内心情绪。

不过，男性与女性做出双腿交叠或脚踝紧扣动作的含义是不一样的。比如，大多数年轻女性在夏季喜欢穿短裙，双腿交叠是一种保护隐私的必要。久而久之，就会形成一种习惯。对于大多数女性来说，在人际交往中，做出双腿交叠或是脚踝紧扣的动作都是一种自我保护，更是一种防御心态的体现。

一名初出茅庐的保险业务员向一位女士推销保险，本来两人相谈甚欢，他以为这一单必然能够成功，但结果恰恰相反，他并没有成功签单。这让他非常纳闷，便向业务经理请教。

经理问道："你们在交谈的过程中，那位女士的腿脚姿势是如何摆放的呢？"那名业务员想了想回答道："在整个谈话过程中，她似乎一直交叠着双腿，脚踝紧扣。"

所以，不管男性女性，在社交场合中，做出双腿交叠或是脚踝紧扣的动作，传递的都是一种防御性的负面信息。对此，FBI心理专家建议，如果在交谈中，发现对方做出这种防御性的动作，不妨调整话题，多谈对方感兴趣的话题，效果可能更好一些。

这一动作除了表示防御之外，还有紧张、害怕之意。有一项调查显示：在医院就诊的牙科患者中，有 88% 的患者坐在牙科治疗椅上，会做出脚踝相扣的动作；如果是常规检查，则有 68% 的患者会做出脚踝相扣的动作；如果是接受牙医注射，则有 98% 的患者会做出紧扣脚踝的动作。

还有一项调查研究表明，在面试过程中，大部分应聘者会做出脚踝紧扣的动作。这表明他们正在通过这一动作来缓解自己的紧张情绪。

那么，除此之外，还有哪些叠腿姿势所暗含的意义是我们所不知道的呢？在此，我们就来了解一下。

跷二郎腿

跷二郎腿有两种姿势：一种是纯粹的辅助动作，此时，还要结合其他动作和手势来判断其心理状态；另一种是交叉合拢型跷腿。FBI 心理专家分析，如果与人谈话时，对方跷二郎腿并伴随双臂交叉放置于胸前，说明此人明显地在回避谈话内容。但是，如果一个人经常性地跷二郎腿，表明此人在大多数情况下都存在戒备或矜持的心理。

所谓的交叉合拢跷腿，是指一条腿呈半弓形，然后将其搭在另一条腿上。FBI 心理专家分析，如果在休闲的环境中，表明此人做这一动作是放松自己。但是如果有人经常性地做这一动作，则表明此人有些自我，不太在意他人的看法。

大俊和小海是许久未见的同学，见到小海后，大俊感到非常高兴，不容分说，拉着小海就到附近一家餐馆里，想与小海边吃边聊。

可是，小海还有其他事要办理，看着大俊兴高采烈地回忆以往的事情，他不由得跷二郎腿，双臂交叉放于胸前，眼神儿不断地往门口看。

双腿交叠成"4"字

即将一只脚的脚踝放在另一条腿的膝盖上,让两腿形成一个"4"字。这一动作最早起源于美国,是美国人特有的姿势。FBI 心理专家分析,做出这一姿势的人内心存在两种矛盾的心态:一种是非常紧张不安、害怕,另一种是想借此姿势来放松自己。通常来说,心理有负担的人才会做出这个动作。

在二战期间,美国很多间谍人员都深入德国境内,以窃取更多的情报。对此,德国领导头疼不已。后来,他们截获一份情报:将会有一批新的美国间谍打入德国内部。德国高层立刻召开紧急会议:如何才能将这批间谍全部抓住。对此,德国的心理学家提出建议:可以从腿部动作着手进行观察和甄别。

于是,他们故意组织了一场晚宴,并对外散布消息,有绝密的情报将在晚宴进行过程中传递,并让德国特工混入其中,借机观察哪些人是间谍。

在晚宴过程中,德国特工很快就识破了那些间谍的身份。因为美国人习惯交叠双腿,并呈现出"4"字造型。另外,当德国特工与其交谈时,他们这一动作还显示出矛盾的心态:虽然很紧张,但又想借此姿势来放松自己。

双腿交叉且身体倾向谈话者

FBI 心理专家分析,当与人交谈时,有人做出这一动作,表明此人对谈话者的印象不错,并且双方相谈甚欢。在人际交往中,这是一种舒适的交谈姿势。

在一个宴会上,两位不相熟的女士坐在桌边聊着天。渐渐地,其中一位女士双腿交叉,并不由自主地将身体靠向另外一位女士。

当朋友来找她时,很惊讶地说:"你们不是刚刚相识吗?怎么看起来像是认识很久的老友!"

第三节　脚尖动作变化传递的弦外之音

　　圣诞节假期，FBI 特工杰克正与家人开心地包着礼物。就在这时候，他接到一个通知，在某咖啡馆中发生了命案，需要他立刻前往协助调查。于是，杰克马上通知其他队员，火速赶往现场。

　　由于是早上，包括那位被害者，咖啡馆只有 6 位顾客。命案发生后，为了方便调查，咖啡馆中的其他人尚未离开。当杰克与其他队员到达后，首先对咖啡馆中的顾客进行排查和询问。

　　当杰克询问一位男顾客时，虽然他上半身腰板挺直，回答问题也比较流畅，但是他的腿脚动作却与其言语不相符合。杰克观察到，他的脚不自觉地移动着，脚尖对着门口，这是一种本能的"逃跑动作"。

　　因此，杰克与其他 FBI 特工对其严加审问。最终，那名嫌疑人交代了犯罪事实：他与被害者结怨已久，在咖啡馆见面后就动了杀机。

　　脚尖，对于很多人来说，都不会太关注它。因为它是身体上最不起眼的一个部位。可是，它的一些微小变化却传递着至关重要的信息。甚至在很多情况下，这些不易察觉的脚部动作正是案件调查关键的突破口。案例中 FBI 特工杰克就因为观察到嫌疑人的脚尖逃离动作而对其严加审问，从而抓到了真凶。

　　英国的心理学家经过研究发现，离大脑越远的身体部位，可信度就越高。的确如此，在我们与人交谈的过程中，往往只会注意对方的面部表情变化，而忽略了离大脑比较远的脚部动作。可FBI心理专家表示，脚的动作要远远比面部表情诚实得多。尤其是脚尖动作的变化，它不仅投射出人们的内心变化，更有我们想象不到的弦外之音。

在日常生活中，我们经常看到这种状况：两个妈妈在学校门口聊得热火朝天，此时放学铃响起了，她们的脚尖不由自主地转向了学校门口，准备去接孩子放学；两个许久不见的朋友在街上相见，正聊得开心时，其中一个人的电话响起，他接通电话后，脚尖随即下意识地想要走开。

从这些场景中我们不难发现，脚尖转向是传递出想要离开的信号。但在一些公共场合中，为了不让自己显得太无礼，有些人就会掩饰自己想要离开的急迫心情，可是脚尖却会不由自主地转向出口。

除此之外，在轻松、活跃的气氛中，有的人会不自觉地用脚尖勾起鞋子轻轻摇晃，以表达自己愉悦的心情。

乐乐与茜茜是一对好闺蜜，周末，她们相聚在一起，非常开心。而且，乐乐最近新交了男友，可谓"人逢喜事精神爽"。

当茜茜问乐乐的男友怎么样时，只见乐乐一边开心地回答道："可以用'完美'二字来形容"，一边用脚勾起拖鞋，轻轻地摇晃着，愉悦的心情无以言表。

除此之外，脚尖还会指向自己喜欢或感兴趣的人或事。FBI心理专家分析，当人们对某些人或事比较感兴趣时，脚尖就会不由自主地转向那个方向。同理，在与人交谈的过程中，我们也可以根据他人的脚尖转向来推断对方是否愿意与自己交流。

公交站牌下，三个男生正站在那里边等车边聊着天。在他们附近，还站着一个漂亮的女生。

此时，虽然三个男生讨论的内容与女孩无关，也没有上去搭讪，但是他们的脚尖却"出卖"了内心，因为三个男生的脚尖都不自觉地转向了那个女孩的方向。

反之，当人们面对不喜欢的人或事，内心出现逃避的情绪时，脚尖也会不自觉地想要离开。这是一种寻求解脱的信号，表明此人想要离开自己所处的位置。

一名推销员正在向一位女士积极地推销公司产品。起初，那位女士听得还比较认真，渐渐地，她的脚尖不由自主地转向了门口的方向。

这名推销员发现这一细微的动作后，对那位女士抱歉地说："不好意思，耽误您的时间了。如果您有事，您可以先行离开。"那位女士被他的礼貌所打动，她诚恳地说："我确实对你们公司的产品不感兴趣，而且我还有一些事需要处理，但我不想不礼貌地打断你。不过，我可以留下你的名片，介绍给需要的朋友。"

除了上述脚尖动作变化外，还有一种"反重力脚"，它主要有两种情况：一种是脚跟离地，另一种是脚尖离地。虽然这种脚步动作差别不大，但是所代表的含义却有所不同。前者表示心情愉快，后者则有自豪、显示权威之意。

在日常生活中，我们经常会看到脚跟离地的情况：小孩子终于被父母带着去他们期盼已久的游乐场，脚后跟会不自觉地离开地面，高兴得一蹦一跳；某个学生考试得了第一名，他走起路来时，双脚会不由自主地离开地面。对于处于兴奋和愉快中的人来说,"反重力脚"往往是情绪的传递者。

脚尖离地这一动作经常出现在演讲中,FBI 心理专家分析,某些人在演讲的过程中,在心理作用的驱使下会脚尖离地,从而让自己看起来更高大、更有权威性。比如,一位声名显赫的学者来到一所大学中演讲。在演讲的过程中,当讲到一个重要内容时,那位学者不自觉地做出脚尖离地的动作。这一动作不仅是强调的意思,同时,也表达出他内心的自豪感。

另外,还有一种"起跑姿势",即脚从水平状态提升至起跑的状态,脚跟抬起,重心全部转移到脚掌上。FBI 心理专家分析,这是一种内心意图线索,表示此人想要离开。

不过,"反重力脚"还有另外一种含义,即当围观的人们对某些事情产生好奇心时,处在外围的他们会下意识地踮起脚尖,以让自己能够看清让那些感到好奇的事物。因此,如果我们想要深入了解一个人的内心变化,还要结合现实环境和实际情况,对具体的事情具体分析才行。

第四节　探究双脚紧靠、叉开的心理"诉求"

近日，FBI 特工马尔斯与同事前往涉嫌枪击案的一名嫌疑人家中，依照惯例询问一些问题。到达疑犯家门口后，给他们开门的是嫌疑人的父亲，而那名嫌疑人则窝坐在沙发里。

当那名嫌疑人在客厅中听到来客是联邦特工时，他不自觉地正襟危坐到沙发一侧。待马尔斯与其他同事在沙发上坐定后，他发现那名嫌疑人双腿紧靠在一起，内心似乎在隐藏着什么。

马尔斯发现他的这一动作后，并没有开门见山地提及案件的相关问题，而是以轻松的话题与其闲聊着。渐渐地，他们之间有了互动，那名嫌疑人的双腿也不自觉地打开。可是，当马尔斯转向枪击案的问题时，他张开的双腿再次紧闭。

这些动作都被马尔斯尽收眼底，他知道不能"强攻"嫌疑人的心理防线，只能采取温和的询问方式。同时，在嫌疑人父亲的帮助下。那名嫌疑人终于供认不讳：他只是枪击案中负责购买枪支的人，并没有参与枪击。另外，他也为 FBI 特工提供了线索，交代了那些罪犯的名字。

FBI 心理专家经过研究发现，双腿紧靠在一起是一种自我保护的动作，它能够直观地反映人们的内心活动。当有人做出这一动作时，表明此人内心也如同紧闭的大门，死死防守自己的"心灵之门"，以抵挡那些让自己感到紧张不安的信息。

案例中的嫌疑人在听闻 FBI 特工前来时，通过双腿紧闭来隐藏自己紧张不安的内心。当特工与其聊轻松的话题时，他的双腿逐渐打开，但一提及有关案件问题，他的双腿又不由自主地紧闭起来。FBI 特工正是读懂了这一微动作传递的潜在信息，找到打开他"心门"的钥匙，最终，案情有了新的进展。

在日常生活中，尤其是在陌生的环境中，我们总是会看到有人做出这一动作：刚刚毕业的大学生初到一家大公司面试时，面对着诸多的面试官，难免会产生紧张不安的情绪，因此坐在椅子上时会下意识地双腿紧靠在一起；患者独自一人前去医院就诊时，内心不禁有些紧张或恐慌，坐在候诊室的椅子上，双腿也会不由自主地紧靠在一起。

由此可见，当人们双腿紧靠在一起时，是内心紧张不安的表现。不过，如果是女性做出这一动作，则是一种防御心理的体现。尤其是面对不喜欢的男性时，通常会借助双腿紧靠来表达对他们的抵触情绪。

同学聚会上，几个男生都围坐在"班花"艳艳身边，并有意地找她攀谈。艳艳知道这些男生都有女朋友了，面对他们的这种行为，艳艳不禁有些厌烦，双腿紧闭，表情很冷漠。

此时，艳艳在学生时代比较喜欢的一个男生到来了，而且她知道他前一阵儿已经与女友分手了。这时的艳艳虽然双腿紧靠，但面色略带羞怯，本想主动上前去打招呼，但又有些矜持和难为情。

双腿叉开这一动作，经常在军人、执法人员身上看到。FBI 心理专家分析，这是一种"捍卫领地"的行为。当人感到心烦意乱、压力或威胁时，都会做出这一动作，以此强调自己的"领地"。每个人都会由于个人原因或是文化环境的影响而有宣示自己领地的需要。当感到有人侵犯自己的领地时，大脑就会变得非常警觉，双腿就会不自觉地叉开，以彰显自己的威慑力，保护自己的"领地"。

一天，李涛与朋友到电子商场买东西。起初，只有他们两个人乘坐电梯。可到了 5 楼，突然有七八个人进了电梯。顿时，电梯显得非常拥挤，还有人靠到了李涛的肩膀上。此时，李涛不由自主地叉开双腿，以此捍卫自己的"领地"。

除此之外，还有哪些双腿叉开的动作表达其他的"诉求"呢？在此，我们就与 FBI 心理专家一起探究下：

双腿叉开并且双手叉腰

FBI 心理专家分析，当做出这一动作时，表明此人正处于愤怒的情绪中，即将爆发一场没有硝烟的"争吵大战"。对此，FBI 心理专家建议，当看到他人做出这一动作时，尽量远离或是不与其发生争吵，以免做出不理智的行为。

周末，妻子在家收拾房间，而丈夫不仅不帮忙，还在书房里打游戏。妻子见此非常生气，一边收拾东西一边喋喋不休地说道："你能不能别玩游戏了，周末在家也不帮我收拾一下房间，我为什么要这么辛苦……"

妻子越说越气，声音也不由得高了起来，双腿叉开且双手叉腰。丈夫瞧见妻子这架势，知道她怒火中烧，情绪将要爆发出来。于是他立刻从书房里走出来，安慰妻子说："都是我的错，别生气！接下来你什么也别做了，你只管吩咐，我来做。"

双脚插开且双手叠放在胸前

FBI心理专家分析，做出这一动作的人是在树立一种权威形象，同时，双手叠放在胸前，这种心理特征就表现得更加明显。因此，当我们看到他人做出这一动作时，如无必要，不要轻易去挑战对方的权威，否则会给自己带来不必要的麻烦。

高中军训，几名男生由于调皮，总是被罚站军姿或是做俯卧撑。这让几名男生很不服气，其中一人对教官说："为什么总是罚我们？有本事你和我们单挑，看谁做得多。"教官双腿叉开，并且双手抱在胸前说："你确定？"其他几个男生也"义气"相挺道："确定！"

教官接着说道："可以是可以，如果我胜出，你们以后再不听指挥，可别怪我不客气！"几个男生"大义凛然"道："没问题。"

结果，不管是比俯卧撑还是站军姿，都是教官胜出。后来，几个男生乖乖地听教官指挥，不再生事。

第五节 "脚语"：走路姿势呈现个性心理

近日，FBI 接到一起谋杀案，事发地点在某街区。接到报案后，FBI 特工们立刻驱车赶往案发现场。

在事发现场，警戒线四周聚拢着一些人，他们一边谈论着，一边张望着。FBI 特工到达现场后，兵分两组，一组人员对现场进行搜查，另一组人员则询问是否有目击者。

当 FBI 特工正在询问时，围观的一个人却迈着小步快速地离开了，并且一步一回头看着现场。这一行为引起了一位特工的注意，那人走得非常快，似乎内心相当急迫，而且频频回头，似乎有所顾虑。

于是，两名特工立刻将其控制住。当 FBI 特工询问其谋杀案的相关问题时，本来那个人还支支吾吾，欲言又止。后来，经过 FBI 特工的深入调查和审讯，那人终于承认了一切：他故意藏在人群中围观自己的"杰作"，以为这样就可以瞒天过海。但是，让他没想到的是，他的走路姿势却"出卖"了他，让他在 FBI 眼中露出了马脚。

研究表明，尽管每个人的走路姿势和步伐不同，但是人人都有自己固定的"脚语"，从那些或轻或重或急或慢的脚步声中，就能推断出一个人的性格和内心活动。案例中 FBI 特工发现围观的一个人脚步急促，走得飞快，从而推断他内心非常急迫。同时，特工借助自身敏锐的观察力发现这人形迹可疑。最终，经过调查和审讯，此人正是凶手。

FBI心理专家经过研究发现，不同的走路姿势，能够直观地反映出个人的心理状态，通过这些信息可以判断当事人的性格和内心活动。比如，走路轻松自在的人，表明此人内心也比较悠闲自在，很懂得享受当下的生活；步伐沉重的人，表明此人心中有事，往往是遇到了无法解决的问题；脚步匆匆，无暇顾及路边的风景，表明此人性格非常急躁，或者内心也比较着急。

可以说，借助不同的走路姿态，可以让我们更加清楚地了解他人的性格和内心活动。在此，我们就与FBI心理专家一起剖析那些走路姿势所暗含的不同心理意义：

走路一步一回头并且小步快走

FBI心理专家分析，一般来说，采取这种走路姿势的人心里可能藏着某些事，同时，心情也比较急迫，想要早点离开当前环境。就像案例中的嫌疑犯。

另外，习惯这种走路姿势的人性格比较急躁；喜欢疑神疑鬼，把简单的事情复杂化，很难相信他人；与人相处共事时，不懂得协调合作，影响工作效率。

走路昂首阔步、挺胸抬头

FBI心理专家分析，习惯于这种走姿的人，在大多数情况下，喜欢以自我为中心，不善于交际，也不会轻易地向他人寻求帮助。即使是自己遇到无法解决的问题，也不会主动开口求助别人；比较注重个人形象，对自己的穿着打扮要求比较高。

不过，这类人没有持久的毅力，性格也比较敏感。虽然组织能力比较强，但是行动力却不足。

采用跳跃式的走路姿势

这种走姿是指每跨出一步，身体就会向前倾。FBI 心理专家分析，习惯这种走路姿势的人，一般都是阳光积极的青少年，心中总是充满快乐。如果当事人是刚刚成功做完某件事情，感到意犹未尽，就会采用这种走路姿势。

晓东与几个同学在篮球场打得正酣，由于其他几个同学有事先行离开了，晓东也只好离开了篮球场。虽然有点小失落，但是他想明天周日还可以约他们打球。于是，他在回家的路上跳跃着前行。

埋头且无精打采地走路

FBI 心理专家分析，如果一个人埋头且走起路来无精打采，表明此人必然是遇到某些困难的事情或遭到比较严重的打击，此时心中正在苦思冥想或是备受困扰。如果是习惯于这种走路姿势的人，表明此人性格优柔寡断，因此会丧失很多机会。同时，他还缺乏自信心，没有冒险精神。

走路步伐缓慢

FBI 心理专家分析，如果是对于年事较高或是身体欠佳的人来说，这种走路姿势往往是外界原因造成的；如果是习惯于采取这种姿势走路的人，则表明其性格温和，喜欢一切顺其自然，凡事都是得过且过，满足于现状，很容易接受现实，缺乏上进心和目标。另外，这类人不管做什么事情都行动缓慢，不急不躁。

八字形走路姿势

在日常生活中，我们经常会看到八字形走姿的人，很多人都不怎么喜欢外八字的走路姿势，认为这种姿势比较丑。可是，FBI 心理专家分析，走路外八字的人性格温和，为人也比较大方，亲和力比较强，而且做事积极，擅长交际。

同样，内八字走姿的人也会让人感到很可笑。习惯这种走路姿势的人虽然性格比较胆小，但是比较注意生活的细节。另外，这类人喜欢按部就班的生活，不擅长创新。

走路不紧不慢

FBI心理专家分析，习惯于这种走路姿势的人，内心较为安逸，喜欢平静的生活。如果是男性，是一个文质彬彬的人，比较喜欢维持现状的生活；如果是女性，则是贤妻良母型。

走路铿锵有力

FBI心理专家分析，习惯这种走路姿势的人，性格较为感性，比较注重感情，做事情有条不紊；喜欢树立远大的目标，做事积极进取，是理想的情人或伴侣。

最近，嘉嘉向闺蜜吐露了一件事：自己因为走路姿势而喜欢上了一个男生。这让闺蜜很惊讶，人都没有了解清楚，怎么能仅凭走路姿势喜欢对方呢？嘉嘉胸有成竹地对闺蜜说："我敢打包票，这个男生一定是一个积极向上的人。不信，找个时间我带你看看他的走路姿势。"

后来，闺蜜见到了嘉嘉"传说"中的暗恋对象。的确，那个男生走路铿锵有力，看起来是一个文质彬彬的人。但是，闺蜜还是劝嘉嘉要冷静，不要这么冲动地喜欢一个人。

不过，闺蜜的担心是多余的，嘉嘉与那个男生相处了一年多之后，两人就结婚了，而且生活一直非常幸福美满。

第六节　站姿：性格与内心活动的一面镜子

汉森是 FBI 的一位著名的特工，虽然已经退休，但他经常帮助 FBI 破案。而在空闲时，他则时常参加一些商贾名流的聚会。

近日，汉森与朋友参加一个聚会。正当大家把酒言欢时，二楼的一个房间里却传来一阵骚动。随后，听到侍者喊道："有人被杀了！"出于职业本能的反应，汉森立刻飞奔到二楼，发现受害者躺在血泊中，已经身亡。见此，汉森立刻打电话报了警。

FBI 特工到达后，首先封锁了现场，然后对在场的人员进行调查和询问。在调查时，汉森也参与其中。

经过排查，FBI 发现有三名嫌疑人都曾与死者接触过。可是，在对他们进行审问时，三人都极力否认。但是，汉森却发现一名嫌疑人在站立时，两只脚交叉站着，并且一只脚踝放在另一只脚踝边，似乎在刻意隐藏什么。另外，他的眼睛也闪烁不定，不敢直视特工。

对此，汉森与其他 FBI 特工对他进行深入调查和严加审讯。最终，那名嫌疑人交代了犯罪事实：是他用宴会中的刀叉杀害了死者。

FBI 心理专家表示，站立姿势能够真实地反映一个人的性格特征和内心活动，它犹如一面镜子，将性格和情绪暴露无遗。的确如此，案例中的前 FBI 特工汉森正是洞察到嫌疑人可疑的站立姿势，最终将其缉拿归案。

在日常生活中，仔细观察身边的人我们就会发现，每个人的站姿都大不一样：双脚并拢站立的人，表明此人脚踏实地且忠厚老实；站立时脚尖稍微往外偏，表明此人有进取心，不装腔作势；站立时一只脚直立，一只脚稍微弯曲并且脚尖着地，放在后面，则表明此人性格变化无常，情绪不稳定。

可见，不同的站姿反映不同的性格特征。那么，除此之外，还有哪些站姿蕴含着微妙的心理意义呢？对此，FBI 心理专家为我们总结出以下几种：

站立时左脚在前并且左手放在裤兜里

FBI 心理专家分析，习惯这一站姿的人比较擅长处理人际关系，为人较为敦厚。如果他们做维护客户的工作，能够站在客户的角度考虑问题，并为其分析利弊，从而取得良好的效果；喜欢安静的环境，虽然平时看起来挺温和的，但是一旦触及让他们愤怒的底线，就会火冒三丈。

在感情方面，这类人比较纯粹，不喜欢将感情建立在金钱基础上，更不会为了某种目的而与他人交往。

在一场面试中，面试官听着几个面试者侃侃而谈地诉说自己如果做市场维护的工作，会将工作做得非常到位和合理。但面试官听完，只是不置可否地摇了摇头。

当面试官出来时，看到在外面等候的一名面试者左脚在前并且左手放在裤兜里，站立等待时，面试官微笑着点了点头，没有经过层层选拔，就将其录取了。

其他面试官都非常纳闷，不解地问道："为什么这么快就录取他呢？他有什么过人的能力吗？"这位面试官微笑着说："他的能力会在日后的工作中充分地显现出来。"

果然，那名应聘者加入公司不到三个月的时间，将公司客户维护得非常好，并且受到诸多客户的好评。同时，他还为公司开发了大量新客户。

站立时两脚平行且双手交叉抱在胸前

FBI 心理专家分析，习惯这一站姿的人，表明他们具有很强的创造力，喜欢表现自己，不会因为传统的束缚而放不开手脚。相反，他们会为自己创造有利的条件，以彰显自己的能力。

双脚自然站立，并将双手插在裤兜里

FBI 心理专家分析，习惯这一站姿的人做事比较谨慎，三思而后行。可是，在工作中他们却因为缺乏主动性和灵活性，生硬地解决某些问题，因此常常会后悔不迭；在爱情方面，习惯这一站姿的人是不会轻易地喜欢上一个人的，更不会轻易地向他人表达自己的真实情感。

另外，这类人往往喜欢独处，并在独处过程中幻想自己未来的美好蓝图。可是，他们却受不了失败的打击，总是屈服于逆境。

如果站立时出现这种姿势，并且伴随弯腰曲背的动作，FBI 心理专家分析，这表明此人正处于苦恼或是沮丧的情绪中。

站立时偶尔抖动双腿且双手交叉扣在胸前，大拇指来回搓动

FBI 心理专家分析，习惯这一站姿的人有很强的表现欲，喜欢在公众场合出风头，争强好胜。如果举行游行示威活动，这类人最爱站在队伍的最前端。

两脚交叉并拢且一手托着下巴，另一只手托着手臂的肘关节

FBI 心理专家分析，习惯这一站姿的人做事非常投入，是典型的工作狂，常常达到废寝忘食的地步。正因为如此，他们会忽略自己的伴侣；比较有奉献精神且有爱心。

不过，这类人比较多愁善感，他们的情感经常表现在面部表情上。有

时候他们会变得喜怒无常，前一秒还与其他人兴高采烈地谈论着，后一秒则脸色突变，一句话也不说，让人感到莫名其妙。

钱林的公司新来了一位同事，做事非常认真，甚至达到忘我的地步。当其他人在休息或吃饭时，他还在那里工作。为此，大家都称他为"工作狂魔"。

钱林想要与其结识，但是同事却劝她道："你还是不要招惹那个'魔头'了。虽然他认真工作的劲头看起来很迷人，但非常不好相处。"钱林不解地问："你之前就认识他吗？"

同事摇摇头道："我怎么会认识他呢？只是从他的站姿中就窥探出一二。有时间你不妨仔细观察一下，他站立时习惯两脚交叉并拢，一只手托着下巴，另一只手则托着那只手臂的肘关节。这个类型的人喜怒无常，前一秒还与你聊得很开心，可后一秒却愁容满面，常常让人措手不及。"

钱林经过观察发现，他确实习惯那种站姿。没过多久，很多与他相处的同事都抱怨连连，声称他是"再世李莫愁，性格变化无常"。

第四章

FBI 教你"实话实说"的肢体动作

简单来说，在与人交谈的过程中，身体的朝向大有玄机，它能够传递出人们的真情实感。比如，几个人在一起交谈时，如果其中一人让自己的身体正对着对方，则表明此人对对方所说的话题比较感兴趣。反之，则会背对他人或者侧转。

第一节　通过手臂动作揭穿外表的伪装

近日，在某超级商场中一连发生好几起重大盗窃案。因此，FBI 特工介入调查此案。经过研究，他们决定让特工伪装成消费者，以观察那些窃贼的行踪和举动。

经过 FBI 特工一段时间的观察后发现，在超级商场中他们经常会看到几个人将双臂背在身体后面，在那里闲逛。他们从来不买东西，看似消费者，但却形迹可疑，每天都是东瞅瞅西看看，似乎在踩点。

果然，没几天，其中一个人想顺手牵羊，被特工抓个正着。经 FBI 审讯得知，他正是前一段时间盗窃案的团伙成员之一。随后，FBI 特工根据他提供的线索，抓住了其他同伙。而他的同伙正是那些形迹可疑、双手背在后面的"假顾客"。

不可否认的是，人们经常会通过某些手臂动作来隐藏自己的情绪和行动。可是，手臂动作的伪装并非是天衣无缝的，总会露出马脚。案例中 FBI 特工正是通过"双背手"动作而敏锐地发现那些混迹在顾客人群中的窃贼，从而将其一举抓获。

所谓的双背手，是指两只手背在身体后面，以此隐藏手部动作。这一动作最初是古代押解犯人的动作，用绳子将其双手绑在后面，从而约束他们不能反抗或是无法做任何事情。可是，也有狡猾的犯人会通过这一动作逃脱。

FBI心理专家分析，双背手有两层含义：一是约束自己的行为，彰显自己的地位和权威。比如，一些领导在视察工作时，常常会双手背在后面。因为那些事情无须他们去做，更不用他们费心。二是有所企图，在隐蔽的情况下做出一些出人意料的举动。比如，案例中的那些窃贼就不自觉地做出这种动作。

不过，如果双手背在身后，一只手抓住另一只手的手腕或是胳膊，则表明此人由于心理紧张而下意识地做出这种动作，以控制自己的紧张的情绪。而且手握的位置越高，表明情绪的紧张程度越强。通常来说，年轻的女孩在害羞时会做出这个动作。

那么，除此之外，还有哪些手臂动作是真实心理的伪装呢？在此，我们就与FBI心理专家一起探究下：

双臂打开

这一动作如同小鸟张开翅膀般，向身体两侧将胳膊伸开。FBI心理专家分析，这一动作表明放松、信任之意。如果他人对我们做出这一动作，表明对我们非常信任。

甜甜因为一件小事而与朋友闹得不开心。第二天，她远远就看到了朋友，本想装看不见的，但是朋友却伸开双臂看着她。她顿时心领神会，也将双臂打开，与朋友一"抱"泯恩仇。

双臂交叠

FBI心理专家分析，做出双臂交叠的动作表明此人内心有些紧张不安。同时，意在保护自己身体比较脆弱的部位，以缓解内心的不安。比如，在足球比赛时，当攻方的队员发任意球时，守方队员就会下意识地双臂交叠，以保护自己的下体，缓解内心的紧张。

双手抱住手臂，放置于胸前

在日常生活中，我们经常会看到这一动作，即将两只手臂交叉缠绕，抱在胸前。FBI 心理专家分析，这一动作是表示拒绝、防御、自我保护之意。如果在社交场合中，有人做出这一动作，则会让人产生无法接近或是难以相处的感觉。

FBI 心理专家经过研究发现，在讲堂上，如果授课老师讲得非常精彩时，大多数人的双臂是打开的，几乎看不到手臂折叠的情况；可是，如果授课老师讲的内容比较枯燥乏味时，有些人则会下意识地做出手臂折叠或是双手抱住手臂，放置于胸前的动作。

两只手臂自然下垂

FBI 心理专家分析，做出这一动作时，如果还伴随头部微微下垂，表明此人态度非常端正、认真倾听并虚心接受他人的意见，而且内心非常惭愧或内疚。

小徐因为粗心而将报表打错了，主管批评他时，他两只手臂下垂着，并且略微低着头。主管见此，知道他已经意识到错误并接受批评，便不再说什么了，只是叮嘱他"下次一定要注意了"。

挥动双臂

FBI 心理专家分析，一般来说，当有人做出挥动双臂的动作时，往往表明此人处于愤怒的情绪中。这个动作通常出现在争执不下的情况中，以此表示自己的强势。比如，在某些影视剧中，我们经常看到两人在争吵时，一方挥舞着手臂，并紧握着拳头，以强烈地表达自己的反对意见。

折手臂

这一动作是指一只手臂向上叠起，并用手触摸下巴，而另一手则托着折叠的臂弯。FBI心理专家分析，一般来说，做出这个动作的人往往正处于犹豫不决或是举棋不定的情况下。如果与人谈判时，对方做出这一动作，表明他／她正在斟酌、考虑。

一名销售人员向一位消费者介绍他们公司的产品。一番讲解之后，只见那位消费者一只手臂向上叠起，并用手触摸着下巴，而另一手则托着折叠的臂弯。

看到这个动作，那名销售人员知道顾客正在考虑。于是，他适时地向那名顾客推荐道："如果购买本产品，还可以享受公司正在推出的八折优惠。"那位顾客听后，立刻买了产品。

一只手抱住另外一只手臂

这个动作是由折手臂演化而来的，将原来折叠的手臂放了下来，但另一只手却将其抱住。FBI心理专家分析，不管是哪只手被束缚或抱住，都是表示自我克制或是自我安慰的意思。虽然这一动作意在拒绝，但力度却比较小。如果销售人员看到对面的顾客做出这一动作时，表明对方的态度有所松动，再继续发力，必然能很快将其"攻克"。

另外，当面对众人而感到紧张和尴尬时，人们也会做出这一动作。尤其是女性，当面对陌生的男性时，会下意识地做出这一自我保护动作，同时，也是在自我安慰。

挽着手臂

这一动作经常出现在情侣间，大多数女性喜欢用自己的手臂挽住男友的臂弯。FBI心理专家分析，这一动作意在告诉他人"我们的关系非常亲密"。同时，也表明了彼此的占有关系。

周末，楠楠与阳光帅气的男友一起逛街。当她看见商场里的一件漂亮衣服时，径直走了过去。她里里外外看了一番后，非常喜欢，正想征求男友的意见时，却见男友还在商场外面。

她正想叫男友进来，却发现有两个女生在找男友搭讪。楠楠立刻大步流星地走了出去，快步走到男友身边后，她什么都没有说，亲密地挽着男友的胳膊进了商场。

第二节　腹侧动作透露人的"内心独白"

近日，FBI接手一起谋杀案：百万富翁德尔森在自己的庄园中遇害了。于是，FBI主管约翰带着特工们火速前往现场调查此案。

经过FBI的深入调查发现，这起谋杀案的最大嫌疑人是德尔森的情人黛拉与司机艾布特。可是，黛拉与艾布特都矢口否认自己是凶手，并声称有不在场的证据。

起初，FBI特工对他们两个人分别进行审问，但是没有获得任何有价值的线索。后来，约翰对他们二人同时进行审问。在审讯的过程中，约翰警长发现他俩的关系匪浅，并不像是纯粹的雇佣与被雇佣的关系。因为当艾布特在说有关德尔森的事情时，腹侧会下意识地转向黛拉。

经过FBI的进一步调查发现，原来艾布特与黛拉经常瞒着德尔森秘密约会，并且艾布特还偷偷转移德尔森的部分资产。面对铁证如山的证据，他们最终交代了犯罪事实：是他们二人合谋杀害了德尔森。

所谓腹侧，就是指身体的前侧，聚集着眼、嘴、胸等器官。腹侧动作是肢体语言的重要组成部分，能够真实地反映出人们的"内心独白"。当人们遇到喜欢的人或事时，腹侧会不由自主地转向对方，这一动作称之为腹侧前置；如果事情进展得不顺或是遇到不喜欢的人和事时，则会出现姿势转换或是远离的动作，称之为腹侧否决。

案例中的嫌疑人艾布特因为与黛拉有私情，所以在说话时腹侧会不自觉地转向黛拉，这一细微动作被 FBI 特工主管约翰洞悉，后经深入调查，将他们二人缉拿归案。

腹侧是身体中最为脆弱和柔软的部位，因此，大脑总会对其格外"关照"。在聚会上，当我们与心仪的人热切地聊天时，腹侧会下意识地转向对方，身体也会不由自主地向对方倾斜，以显示二人的亲密关系。可是，如果在此期间，有其他人突然加入其中，从而破坏交谈，我们则会不由自主地转换姿势或是做出想要离开的动作。

在现实生活中，我们经常看到这样的场景：当孩子朝着父母飞奔而来时，父母总会不由自主地将身体的腹侧转向孩子，并移开一切有可能阻挡孩子的事物，甚至包括自己的双臂，以此让孩子感受到父母最热情、最温暖的一面；一对情侣在咖啡馆约会，两个人会下意识地将身体的腹侧朝向对方，并且身体向前倾，以此进行更加亲密的视线交流。

可见，腹侧动作是人们的"内心独白"，它真实地反映了人们当时当地的情绪。同时，也可以由此推断出当事人对某人或某事的喜欢与否。因此，如果我们想要更加清楚地了解他人的想法和情绪，可以通过腹侧前置和腹侧否决的动作进行推断。

会议室中，市场营销总监正在向其他同事讲述明年的市场推广计划。市场部的工作人员听后不禁频频点头，并下意识地向总监展示自己的腹侧，还会不由自主地让自己的身体前倾，靠近对方。

可是，业务部门的工作人员却对此不感兴趣，他们紧紧地约束自己的身体，避免腹侧前置。有些人的身体还不自觉地变换姿势或是做出想要离开的动作。

其实，业务部门的工作人员之所以会出现这些行为，是下意识地告诉讲话者"我对你的话题不感兴趣"或是"我不同意你的观点"。大脑不仅会对视觉输入做出反应，对于不感兴趣的话语也会做出某种反应。比如，在美国总统大选的竞选辩论环节中，虽然很多观众离那些候选人很远，但当他们的观点不符合观众的想法时，观众就会不自觉地让身体的腹侧远离他们。

不过，腹侧动作也存在特殊的情况。比如，班级里新来了一个转校生，当其他同学在音乐课上欢快地嬉闹着，讨论着各种话题时，那名转校生却表现得很不自在，身体僵硬，做出腹侧否决的动作。其实，他并不是对同学们所讨论的话题不感兴趣，而是初入新环境，让他感觉有些紧张和不适应。

因此，想要准确地了解腹侧动作所反映的真实心理，还要将其放到具体的环境和当时的情境中进行全面解读。

简单来说，在与人交谈的过程中，身体的朝向大有玄机，它能够传递出人们的真情实感。比如，几个人在一起交谈时，如果其中一人让自己的身体正对着对方，则表明此人对对方所说的话题比较感兴趣。反之，则会背对他人或者侧转。

肖梁最近正在追求一个女孩，可已经追了一个多月了，依然无果。肖梁不禁向好哥们大倒苦水，不知到底该不该再追下去。好哥们问他："你每天去见她时，她对你都是怎样的态度呢？"肖梁想了想回答道："还可以吧，不温不火的，但也没有表现得多讨厌啊！我一直以为有戏呢。"

哥们追问道："你再想想，她见你时身体一般都是如何面对你的？"肖梁回忆片刻，回答道："好像每次没说几句话就背对着我！"哥们一听，劝说道："你还是别追了，再追也是徒劳，人家根本就不喜欢你，而且还有些讨厌你！"

肖梁不解道："怎么可能啊？"好哥们耐心地对他说："如果一个人对你有好感或是对你所说的话题感兴趣，对方一般都会将身体正对着你；反之，如果不喜欢你，则会身体背对着你。你追求的女生虽然表面上没有做出讨厌你的表情，但肢体动作已经暴露无遗了。"

第三节　不同的坐姿折射出不同的心理

一个午后，FBI 接到报警电话：在某商厦中发生了一起谋杀案。于是，FBI 特工们立刻赶到案发现场。

经过特工的仔细排查发现，商厦的一名保安人员有重大的嫌疑。他不仅没有不在场的证据，而且与死者曾有过节。可是，面对特工的审问，那名嫌疑人却不承认，声称自己是冤枉的。

但在审问的过程中，目光敏锐的特工还是从他的坐姿中发现了端倪。当特工问及案件的相关情况时，嫌疑人不断地变换坐姿，同时，眼睛也不敢直视特工。因此，FBI 特工判断他肯定在撒谎。

后来，经过 FBI 的深入调查和严加审讯，这名嫌疑人终于对罪行供认不讳。

经过研究证明，坐姿不仅能够折射出人的性格特征，我们还可以通过这些身体姿势推断他人的内心活动。案例中嫌疑人当被特工问及案件的相关问题时，因为猝不及防而不知如何回答问题，便通过改变坐姿来掩饰内心的紧张不安和拖延时间。可是，这种反常动作还是被敏锐的 FBI 特工捕捉到了，最终将其逮捕归案。

FBI 心理专家表示，不同的坐姿可以折射出人的不同心理和性格。比如：有的人坐下后会将一只手放在另一只手的手腕上，这是一种典雅的女性化坐姿，表明此人性格温顺；有的人在坐定后双腿会不住地晃动，表明此人性格比较急躁；有的人坐定后会不由自主地让身体深陷在椅子中，表明此人意志比较薄弱，或者身体欠佳，目前状态不太好。

可见，不同的坐姿可以让我们更加清楚地了解他人的性格和内心活动。那么，还有哪些坐姿暗含着微妙的心理意义呢？在此，我们就与 FBI 心理专家一起探究下：

大腿分开，两只脚后跟并拢而坐

FBI 心理专家分析，喜欢这种坐姿的人，通常还习惯于将手放在肚脐部位。这表明此人比较有决断力，做事充满勇气，对某件事情一旦考虑成熟，就会立即执行。在爱情方面亦是如此，一旦对某人产生好感，就会果断地表达。不过，这类人却不是处理人际关系的"能手"。

骑坐在椅子上

这一动作是指像骑马似的骑坐在椅子上，并让椅背朝着自己。FBI 心理专家分析，习惯这种坐姿的人为人比较谨慎，喜欢支配他人。与其谈话时，如果这类人对话题内容不感兴趣或是感到厌烦时，就会试图控制他人的谈话。此时，椅背就成了他们的挡箭牌，以此避免受到他人的攻击。

身体后仰坐在椅子上，并且双手交叉放置在脑后

FBI 心理专家分析，习惯于这一坐姿的人性格比较清高。这类人往往自我感觉良好，对他人总是一种居高临下的态度，甚至无视别人。经过调查发现，尤其是在职场中，很多女性职员对于男性职员的这一坐姿非常讨厌。

办公室中，一名女同事向一名男同事请教问题。

"请问 PPT 中的这句话是什么意思，如何进行操作呢？"

那位男同事听完她的问题后，身体后仰在椅子上，并且双手交叉放置在脑后。女同事看到他做出这一动作，顿时心生厌恶，但没有明显地表现

出来。后来，那位女同事再也没有向他请教过问题。

双脚并拢、腰杆挺直坐在椅子上

FBI 心理专家分析，一般来说，如果置身于陌生的环境中，采取这种坐姿的人表明非常重视对方；如果置身在熟悉的环境中，面对相熟的人而出现这种坐姿，表明此人做事比较严谨，从来不参与那些冒险的事情。不过，这类人总是拘泥于形式，处理问题缺乏弹性。

膝盖并拢，两只脚后跟呈现"八"字而坐

FBI 心理专家分析，做出这个动作时，还会伴随手掌相对，并将其放在两个膝盖中间的动作。一般来说，习惯这种坐姿的人性格较为保守，为人也比较害羞。尤其是在社交场合中，他们会因为面对陌生人说话而脸红。不过，这类人虽然情感细腻，但并不是特别温柔，会让人感到很奇怪。

身体稍微向前倾，两只脚一前一后，并且双手放在膝盖上

FBI 心理专家分析，这种坐姿有两层含义：一种表示某人对某个话题比较感兴趣，当对方谈论话题时，坐在椅子上的身体会不自觉地微微前倾，想要认真听清对方的话；另一种则是表示随时准备离开的意思。尤其是在一次沉闷的、长时间的会议中，当会议即将结束时，很多人都会出现这种坐姿。

每年的年终报告会，小蔡所在的公司总是召开长达 2 个多小时的会议，而会议内容无非是对今年工作的总结以及明年的工作计划等，非常无趣而冗长。

在公司工作了三年的小蔡"深谙其道"，她总是掐准时间，在会议即将结束时，她就会身体稍微向前倾，两只脚一前一后，并且双手放在膝盖上，随时准备起身离开会议室。

其实，不仅是坐姿，通过座位的选择也可以窥探人的性格特征和内心活动。美国著名心理学家斯汀泽经过研究发现，在会议场合的就座选择上，即使有其他座位，而有的人却执意坐在你的对面，那么，此人会对你所发表的观点持反对意见，并会适时地对你的发言进行反驳；而坐在你旁边的人，则是跟你比较亲近的人。

因此，在自由选择座位时，坐在两侧的人关系往往比较亲近，而坐在对面位子上的人则关系较为紧张。这就是所谓的"斯汀泽现象"。

第四节 睡姿：潜意识的真实反映

近日，FBI抓到几名枪击案的嫌疑人，但是他们几个人却矢口否认自己所犯下的罪行。由于没有确凿的证据，警方只能先将其关押起来。

不过，在关押的这段时间里，FBI特工却从一名嫌疑人的睡姿上发现了端倪。当那名嫌疑人睡觉时，他不像其他人那样非常平稳、自在地躺着，而是蜷缩着身体，同时，还将枕头抱在怀中入睡。

从这一睡姿中，FBI特工判断，这名嫌疑人的内心此时正处于非常不安的状态；而抱着枕头入睡，则表明他的警戒心很强，一直处于防备的状态中。

因此，FBI特工对其进行了深入的调查和严格的审讯。最终，那名嫌疑人对自己的犯罪事实供认不讳。

FBI心理专家经过研究发现，人们不管采用何种姿势睡觉，深层的潜意识活动都会表现在肢体语言上。即使是装睡，也可以从其睡姿中发现被隐藏起来的性格特征和心理状态。案例中FBI特工正是从嫌疑人的睡姿中发现了他极度不安的心理状态，才对其展开深入调查和审讯，最终将其绳之以法。

睡觉是人的大脑和机体得到放松的时候。FBI心理专家认为，由于大脑处于放松的状态，心理防线松懈，从睡姿中更容易窥探人的性格特征和内心活动。睡姿也是肢体语言之一，由于受潜意识控制，会在不经意间做出某些下意识的动作，因此，它所传递的信息往往都是真实可信的，能够准确反映人们的心理状态和潜意识活动。

英国睡眠评估和咨询服务机构主任克里斯·伊济科夫斯基通过研究发现，每一种睡姿都对应着一种性格特征。同时，这些睡姿还能真实地反映人们当时的情绪、心境等。在此，我们就来了解一下几种睡眠姿势和它们与心理状态的关系：

蜷缩着身体睡

FBI 心理专家分析，习惯这种睡姿的人性格较为软弱，遇到困难和挫折时很容易妥协；内心比较自私，容易产生嫉妒、报复的心理；比较敏感，经常发脾气。因此，FBI 心理专家建议，对这类人应该敬而远之，不要轻易触动他们的痛处，否则，必然会引起一场轩然大波。

同时，FBI 心理专家还分析，采取这种睡姿的人表明当下内心处于极度不安的状态。如果入睡时还习惯抱着枕头或衣被等物品，表明其此刻的戒备心比较强。比如，案例中的嫌疑人。

一个膝盖弯曲而睡

FBI 心理专家分析，习惯这种睡姿的人，性格比较偏激，总是看到事情不好的一面，负能量比较多，牢骚满腹；遇到一些小事情就会做出过度的反应，很少有什么事情能让他们高兴起来。因此，FBI 心理专家建议，对这类人应该多进行开导，让其试着放松神经，从容地面对生活。

枕着胳膊入睡

FBI 心理专家分析，习惯这种睡姿的人通常温文尔雅，比较诚恳。不过，这类人缺乏自信，过于在意自己的不足和错误，总是喜欢追求完美的结果，经常会为了一点小错误而耿耿于怀。因此，他们在大多数情况下都显得忧心忡忡。

侧卧而睡

FBI 心理专家分析，习惯这一睡姿的人性格比较稳妥，做人做事都比较谨慎、认真，因而很容易取得一定的成功；非常自信，能够清楚地知道自己的优缺点。不过，这类人虽然有时候会感到焦躁不安，但却不轻易说出自己的烦恼所在。比如，一些有钱、有权的人就习惯这种睡姿。

仰卧入睡

FBI 心理专家分析，习惯这种睡姿的人性格比较直爽，非常讨厌那些谎话连篇或是虚伪的人；心胸开阔，很容易对他人产生信任；喜欢独立和创新，做事比较有胆量，有很强的领导力和号召力。不过，这类人一向喜欢平和的生活，因此，在日常生活中他们不会轻易得罪别人。

另外，如果是习惯仰卧，但双手放在枕头上入睡，FBI 心理专家分析，这类人比较热心，喜欢为朋友提供帮助，而且是非常耐心的听众，愿意听他人倾诉。因此，他们身旁总是有不少好友相伴。可是，这类人比较低调，不喜欢成为他人关注的焦点。

趴着入睡

FBI 心理专家分析，习惯这种睡姿的人性格比较固执，目光较为短浅，只看到眼前的利益，没有什么远大的目标和理想；心胸狭隘，喜欢以自我为中心，总是将自己的想法强加于他人身上，让他人来适应自己，而不在乎他人的感受和情绪。

小钰刚刚交了一个男友，可是，她的好友却执意反对。小钰纳闷地说："为什么啊？我与他相处一段时间，总体感觉人还可以啊。"好友劝解道："有好几次，你带他到我家里玩，在他休息的时候，我发现他总是习惯趴着入睡。一般来说，习惯这种睡姿的人都比较固执，而且喜欢以自我为中心，总是将自己的想法强加于他人的身上，而不顾他人的感受。"

可小钰不以为然地对好友说："你都说了一般情况下，我的男友也许是特殊情况呢？"

一个月后，小钰就向好友大倒苦水："我要与他分手！他怎么这么自以为是！做什么事都不考虑我的感受，总是让我适应他，真是难以相处！"

除此之外，有的人还喜欢独睡，即独自享有自己的睡眠私人空间。FBI 心理专家分析，这类人非常注重自己的私人空间，不允许他人随便闯入，即使是最亲密无间的人；不愿向他人倾诉自己的真情实感，经常活在自己的世界中。因此，这类人有时候会显得非常自恋。

还有一种睡姿是裸睡，FBI 心理专家分析，喜欢这种睡姿的人崇尚自由，做事总是随心所欲，不顾及他人的想法和感受。因此，这类人往往容易遭到他人的排挤。

除了这些睡姿之外，对不同种类的床的选择，也可以从中窥探人的性格特征和内心活动：

折叠床。FBI 心理专家分析，选择折叠床的人往往具有双重性格，有时会相当放纵自己，有时则努力克制自己的情感；遇到困难和挫折时，往往会选择逃避，缺乏责任心。对于这类人来说，他们的事业心比较强，经常会将大部分时间和精力投入到工作中。在此过程中，他们会将各种情感都隐藏起来。

大型号的床。FBI 心理专家分析，选择睡这种床的人喜欢有自己独享的空间，并且会为了某些事情而努力争取；喜欢与人保持距离感，不希望他人全面、深入地了解自己。

单人床。FBI 心理专家分析，选择睡单人床的人虽然有些时候比较木讷，不懂得灵活处理问题，但是不管做人做事都比较小心、谨慎，对工作认真负责。由于这类人有着坚强的毅力，因此在某些方面会取得一定的成功。

日式垫子。FBI心理专家分析，选择日式垫子的人性格比较耿直、坦诚，追求自由、和平等；对自我要求比较高，总是独自承担沉重的压力，并驱使自己努力完成目标。

第五章
FBI 告诉你习惯动作所流露的"心声"

在人们的日常起居中，一些微小的习惯动作是很难伪装出来的，从这些习惯动作能够听出人们真正的"心声"。一些案例中，FBI特工正是通过嫌疑人习惯动作从而推断出其性格特征，经过进一步的调查，最终将其缉拿归案。

第一节 打电话小动作暴露出真实想法

FBI 特工奥莱尔正在调查一起谋杀案，当他们深入调查时，发现有一名重要的嫌疑人漏网。于是，奥莱尔特工与其他同事驱车前往那名嫌疑人的家里。

当他们到达那名嫌疑人的家中时，他正好待在家里。正当奥莱尔特工向其按例询问有关案件的某些问题时，那名嫌疑人的电话突然响起。他向特工们说了声"抱歉"，立刻拿起电话，走到阳台上去接。

在那名嫌疑人接电话的过程中，奥莱尔发现虽然他看起来镇定自若，但是他的另一只手却好像不知道该放在哪里似的，一会儿将手搭在阳台的栏杆上，一会将其拿开。因此，奥莱尔断定他此时正处于紧张不安的状态中，而他想要借助这些小动作来安抚自己的情绪，所以才做出如此异常的反应。

于是，在那名嫌疑人接完电话后，奥莱尔特工对其严加审讯。渐渐地，嫌疑人回答问题时开始破绽百出。最终，他无力招架，对罪行供认不讳。

FBI 心理专家表示，打电话时所做出的小动作是人们情绪的"信号"。这些动作都是下意识的行为，但却真实地暴露出了当事人的内心想法。案例中的奥莱尔特工正是因为敏锐地观察到那名嫌疑人紧张不安的打电话动作，最终，通过严格审讯，将其缉拿归案。

在日常生活中，我们经常看到人们在打电话时会不经意间做出很多动作，而这些动作不仅能够暴露出当事人的性格特征，还反映出其当时的内心活动。那么，还有哪些打电话时做出的动作是我们不了解的呢？在此，我们就与 FBI 心理专家一起探究下：

一边打电话一边随手涂鸦

FBI 心理专家分析，打电话时做出这一动作的人往往是对通话内容不感兴趣或是由于打电话的时间过长而失去了耐心，从而处于一种很无聊的状态中，进而通过涂鸦等方式来打发无聊的时间。不过这类人性格比较乐观，即使遇到困境，也能轻松面对，很快走出来。另外，这类人大多具有艺术方面的天分，喜欢幻想，因而显得有些不切实际。

秦洁的男友非常喜欢汽车，每次跟她在一起时都会谈论各种汽车。有时候打电话也不例外，总是从其他话题引到车上面。

一天下午，刚刚休息完的秦洁接到男友的电话，声称晚上要带她去逛街买东西。秦洁听后顿时很开心，兴奋地与男友聊着。

可是，不一会儿，男友就将话题转向了汽车。听到这一话题，秦洁顿感无趣，但又不能立刻打断他。感到无聊的秦洁只好一边拿着电话，一边拿起身边的纸笔，在上面不停地涂鸦。

一边打电话一边用手指缠绕着电话线

在很多影视剧中，我们都会看到这样的情节：当女孩接到心仪的男孩打来的电话时，总是一边接电话，一边用手缠绕着电话线。同时，脸上还洋溢着幸福、甜蜜的微笑。FBI 心理专家分析，打电话时做出这个动作的人表示此时心情愉悦。而内心越感到快乐，缠绕的电话线就越多。在这种氛围下，最好不要去打扰他／她，以免破坏他人的好心情。而这类人的性格往往比较豁达，是个乐天派。

一只手打电话，另一手却不知放在哪里

FBI 心理专家分析，接电话时做出这个动作的人表明其正处于紧张不安或是极度担心的状态中，通过这个动作来缓解自己的心理压力或紧张情绪。比如，案例中的嫌疑人。另外，有些人处于紧张不安的状态时，还会做出一只手接打电话，另一只手则不由自主地敲击桌面的动作。比如，某员工由于失误而导致客户对其产生强烈的不满，接到客户的投诉电话时，他下意识地用手指敲击着桌面，以缓解自己的紧张情绪。

一边打电话一边抽着烟

FBI 心理专家分析，打电话时做出这一动作，表示其对所谈的话题并不是很感兴趣，因此表现得非常随意。如果谈论的是他／她比较关切的话题，此人一般都是将正在抽的烟暂且搁在一边，谈论完再将其拿起；如果谈论的内容导致其情绪激动，他则会下意识地用手弹弹烟灰；如果处于发怒的状态，则会将烟头想象成对方，并做出充满敌意的动作——将烟狠狠地摁灭。

一边打电话一边将脚放在桌子上

FBI 心理专家分析，打电话时做出这一动作的人往往比较自信。比如，一些精明能干的人都习惯在打电话时做出这种动作。另外，当这类人下定决心做某事时，在打电话的过程中会下意识地将桌子底层的抽屉抽出来垫脚；而遇到疑难的问题，正在思考解决的方法时，打电话的过程中会将第一个抽屉拉出来再推进去。当得出结论后，会突然站起来，将抽屉狠狠地关上。

一边打电话一边整理衣服或头发

FBI 心理专家分析，打电话时做出这一动作，表明此人正与心爱的女友／男友通电话，下意识地做出整理衣服或头发的动作，好像女友／男友就站在自己面前，以把自己最好的一面展现给女友／男友。如果打电话时

神情相当专注，似乎担心漏掉一些信息，表明此人可能正与上级或是客户通电话。

一边打电话一边心不在焉地点头

FBI 心理专家分析，打电话时做出这一动作，表明此人对通话内容感到索然无味或是不感兴趣，但又不想暴露出来。同时，还会伴随低着头，身体的重心不断从一只脚换到另一只脚上，看上去一副心不在焉的样子。一般来说，电话的另一端有可能是相当熟悉的老友或是伴侣。

老刘正在参加同学聚会时，妻子打来了电话。本来，老刘以为妻子是问他什么时候回家，两三句话就可以挂断电话了。但是电话那端妻子却不停地絮叨和交代他"少喝点酒，多注意身体"之类的话，老刘听后心不在焉地点了点头，回答道："好的，好的。知道了，知道了。"与此同时，身体的重心不断从一只脚换到另一只脚上。

第二节　抽烟动作：解读他人的心灵密码

　　审讯室中，两位 FBI 特工正要对一名嫌疑人进行审问。可在审讯前，嫌疑人却向特工们提出一个要求：能否让他抽一支烟？ FBI 特工应允了，让人给他递上一支烟，然后接着审讯。

　　在审问的过程中，一位 FBI 特工发现，嫌疑人在抽烟时似乎处于一种非常紧张的状态中。只见他拼命地猛吸着香烟，不一会儿工夫，一支烟就已经抽完了。随后，他又向特工请求再抽一支烟。此时，他不再像之前那样猛吸，而是让烟自行燃烧。

　　根据这些动作，FBI 特工推定，嫌疑人是通过抽烟来缓解自己的紧张情绪。于是，他们决定乘胜追击，对其严加审讯。最终，那名犯罪嫌疑人交代了犯罪事实。

　　研究表明，对于经常抽烟的人来说，他们在极度紧张时并不会选择抽烟，而是狠狠地将烟掐灭或是让其自行燃烧。另外，还有些人为了缓解紧张的情绪，会做出拼命抽烟的动作。比如，案例中的嫌疑人面对 FBI 特工的审问，就是借助抽烟以及让烟自行燃烧等动作来缓解自身的紧张，但这种紧张不安的情绪被直觉敏锐的特工洞察到，最终将其绳之以法。

　　FBI 心理专家表示，当一个人内心紧张、矛盾冲突时，就会通过抽烟进行缓解。不仅如此，当人们在生活和工作中遇到各种各样的压力和困难时，也会借助抽烟来安抚情绪。不过，也有很多人抽烟是为了交际应酬或是为了表现自己，以引起他人的注意。

可是，不管是出于何种目的而抽烟，都可以通过抽烟的动作辨析当事人的心理密码。在此，我们就与 FBI 心理专家一起探索下其中的规律：

烟快要燃烧完还一直在抽

FBI 心理专家分析，有这种抽烟习惯动作的人往往比较自信，一般来说，这类人都是有权力或是有地位的。他们做事讲究效率，认为时间决定一切，不喜欢将时间浪费在不必要的事情上。他们非常珍惜时间，因此也会要求身边的人不要浪费时间。所以，在他人眼中，他们做事比较干脆利索、不拖泥带水。不过，在某些情况下，他们不能客观地分析和判断当前的形势。

烟还未抽完就将其在烟灰缸上磕打或是过早地熄灭

FBI 心理专家分析，抽烟时出现这些动作，表明此人内心正处于激烈的矛盾冲突中或是感情上受到了刺激，抑或是生活和工作遭遇了困境。

于伟最近刚刚失恋，他躲在房间里闷声不响地抽着烟。可是，点着烟后，他还没有抽几口，就将烟用力地磕打在烟灰缸上，将烟灰弄得满地都是。

将烟叼在嘴边，并让烟头向上翘起

FBI 心理专家分析，习惯这种抽烟动作的人往往缺乏自信。在人际关系中，如果得不到他人的认可，就会将所有的失败归咎于自身，总是苛责自己，反思自己所出现的问题。可是，一旦找到了问题所在，又陷入了举棋不定的状态中。因此，这类人虽然善于发现问题，但总是因为信心不足而不能有效地解决问题。

不过，这类人往往具有积极向上的心态，一旦有了目标，会不断地为之奋斗、努力，从而取得一定的成功。

烟灰已经很长，却视而不见

FBI 心理专家分析，有这种抽烟习惯动作的人做事往往比较小心谨慎。他们总是感到些许的不安，缺乏安全感，因此会通过视而不见来缓解这种不安的感觉。一般来说，他们喜欢将自己的内心封闭起来，不愿与人主动沟通、交流，更不愿向他人表明自己的真情实感，对别人总是存在一定的戒备心理。这可能与他们从小生长的环境有关，由于出身贫寒而导致其产生自卑的心理，认为自己凡事都不如别人。因此，在遭遇失败后，他们会变得更加小心谨慎，不敢再往前迈出一步。

写字楼一隅，几个不相识的烟民在一起抽着烟、聊着天。此时，他们注意到其中一个人总是闷声不响地抽着烟，也不参与他们的话题。一连几天，他都如此。而且每次抽烟时，他的烟灰已经很长了，可他却选择视而不见。

后来，几个烟民就换了"阵地"，因为他们知道那个人的内心太过封闭，对他人总是有戒备心理。既然他不想加入他们的"烟民联盟"，他们只能选择将其"舍弃"。

烟还在燃烧，就用水将其浇灭

FBI 心理专家分析，习惯这种抽烟动作的人总是追求完美，不管何时何地都过于在意他人的感受和想法，从而让自己在追求完美的过程中错过一些不该失去的东西。

用脚将燃烧的烟踩灭

FBI 心理专家分析，习惯这种抽烟动作的人往往有很强的表现欲，性格比较外向。在与他人交谈的过程中，这类人讲话不仅声音高，而且速度也比较快。一般来说，这类人中以演说家、谈判专家为主。在他们看来，与人交谈时，不仅要高声讲出自己的想法，还要不断地讲，才能让对方明白自己所讲的内容和含义。另外，研究表明，这类人说话具有很强的感染力，通常能够引起他人的共鸣。

烟还未熄灭，就将其丢入烟灰缸

FBI心理专家分析，有这种抽烟习惯动作的人大多没有责任心，不懂得顾及他人的想法和感受，时常会将自己的情绪强加于他人身上，从而伤害到别人。因此，这类人往往比较自私、傲慢，不受他人的欢迎。

小可最近认识了一个男孩，可是闺蜜却对她说："这个男生性格不太好！还是不要与其相处。"小可不解道："怎么会？你不是就见过他几次吗，怎么会了解得比我还多呢？"

闺蜜提醒她道："在几次聚会上，你难道没有发现他抽烟的时候总是在烟还没有熄灭的时候，就直接将其丢进烟灰缸吗？这一动作表明他是一个没有责任心且做事不顾及他人感受的人。"

但小可不信，依然与其交往。可是，一个月之后，小可还是与其分手了，理由正是闺蜜所分析的那样：自私、傲慢，做什么都不考虑小可的感受，让小可感到很受伤。

除了吸烟动作外，选择不同种类的烟，也能反映出一个人的性格特征：

喜欢抽焦油含量比较低的烟。FBI心理专家分析，这类人虽然明知道吸烟的害处，但依然控制不了自己，因此选择焦油含量比较低的烟。一般来说，他们的意志和信念不够坚定，遇到困难和挫折总喜欢为自己找借口，做事缺乏决断力，总是顾虑重重。

喜欢抽无过滤嘴的烟。FBI心理专家分析，一般来说，这类人比较踏实能干，不喜欢将时间和精力浪费在没有意义的事情上；大多数人都比较有耐性，但有些固执，不能理性地接受他人的建议和忠告。

第三节　握酒杯方式露出真实个性

近日，FBI特工在调查一宗命案时发现一名嫌疑人与此案有关联。于是，他们依照惯例，上门对那名嫌疑人进行询问。

当FBI特工找到那名嫌疑人时，他正在酒桌上与其他人喝酒。此时，一位特工注意到，那名嫌疑人在喝酒时，习惯用手紧握住酒杯口。而面对FBI特工的询问，那名嫌疑人依然用手紧握住酒杯口，似乎想要隐藏自己的秘密似的。

因此，FBI特工根据这一动作推断，这名嫌疑人必然与案件脱不了干系。他的动作实则是在克制自己的真实情绪，以免让其暴露在FBI的视线中。

后来，经过FBI特工们的深入调查和审讯，这名嫌疑人正是命案的帮凶。最终，FBI顺藤摸瓜抓到了主谋。

喝酒是一种娱乐消遣活动，很多人为了交际应酬，经常会与他人把酒言欢。研究发现，在喝酒的过程中，从握酒杯的动作可以看出一个人的真实个性和心理活动。比如，案例中的嫌疑人在握酒杯时习惯用手紧握住酒杯口，FBI特工捕捉到他的这一细节动作，找到了调查的突破口，进而对其展开深入调查，最终将一干凶犯缉拿归案。

可以说，不同的人有不同的握酒杯方式，虽然这些小动作微不足道，但是从这些微动作中却能看穿他人的真实个性和心理活动。在此，我们就来看看 FBI 心理专家是如何分析的：

握紧酒杯并用拇指顶住杯子边缘

FBI 心理专家分析，喝酒时习惯做出这个动作的人性格比较稳重，不管遇到什么事情都能冷静地处理，并能够把握好分寸。在喝酒时，这类人往往能够巧妙地对付前来敬酒的人，控制一定的饮酒量。即使是与地位显赫的人一起饮酒，他们也能很好地控制住饮酒量。

用手握住酒杯的底部

FBI 心理专家分析，喝酒时习惯做出这个动作的人往往有很强的领导欲，并且确实具备较为突出的领导才能，做事懂得张弛有度，知人善用。可是，对于他们来说，最讨厌的是犯错误和背叛。

袁杰本是公司的一名小职员，默默无闻地做着自己的本职工作。在一次聚会中，部门主管发现他喝酒时习惯用手握住酒杯底部，心里顿时有了提升他的想法。

当袁杰被提升为部门小组长时，他突出的领导才能渐渐地表现出来：不仅与其他部门的同事协同合作，还能带领着本组成员按时完成任务，深得主管的赏识。

用手握紧酒杯并用拇指按住杯口

FBI 心理专家分析，喝酒时习惯做出这一动作的人性格比较直爽，不会因为一点小事而斤斤计较。可是，一旦激怒他们，后果往往不堪设想。比如，在朋友眼中，赵超是一个性情比较直爽的人。大家都喜欢与其喝酒，因为他向来都是来者不拒。当别人要求豪饮时，他便用手握紧酒杯并用拇指按住杯口，一饮而尽。

用手掌托着酒杯

FBI 心理专家分析，喝酒时习惯做出这个动作的人个性比较好动。用手掌托着酒杯喝酒时，他们还会不断地说话。此时，他们已然忘记自己在喝酒，而是将关注点都放在谈话内容和他人的感受上。而偶尔喝一口酒，则是让干涸的嗓子滋润一下。比如，肖骁喝酒时习惯用手掌托着酒杯，很多朋友"深谙其道"——只在他的酒杯中倒入少量的酒，坐等他喋喋不休地絮叨着。

用手握住高脚杯的杯脚并将食指前伸

FBI 心理专家分析，喝酒时做出这一动作的人往往对那些有权势的人青睐有加，很会献殷勤；很喜欢装高雅，以彰显自己与众不同。但这类人的内心想法清楚地写在脸上，让人很容易洞察到。

不过，也存在例外。在某些情况下，一些优雅的女性在喝酒时喜欢手握住高脚杯的杯脚并将食指前伸，这并非表示她们爱献殷勤。因此，在解读握酒杯的微动作时，还需要结合当时的环境和性别因素等综合考量。

习惯把玩酒杯

FBI 心理专家分析，喝酒时习惯做出这个动作的人性格比较外向，喜欢表现自我，做事我行我素、自由散漫。因此，他们做事时往往不能集中注意力，虽然每天从早到晚都在忙个不停，但却处于瞎忙的状态，成功总是与其无缘。不过，在人际关系方面，这类人喜欢交际，有不错的异性缘。

如果是双手握住杯身并把玩，FBI 心理专家分析，习惯做出这个动作的人表面看起来性情比较豁达，实则城府非常深，攻击性也很强。虽然喜欢结交朋友，但是却没有长久的朋友，都是以利益为依据而与人结交。

在酒吧一隅，一个漂亮的女孩正双手握住酒杯把玩着。两个年轻的小伙子目睹这一切，其中一个想要主动上前与其攀谈。但另一个小伙子却劝说道："这种人还是不要与其结交了，他们表面看来比较豁达，但实际上城府很深，只会为了利益而结交他人，不能成为长久的朋友。"

但想上前搭讪的小伙子却不以为然："怎么会？那个女孩看起来很单纯。"说完，便起身上前与那个女孩攀谈。

果然，他们交往没有多久，那个小伙子就以失败而告终。原因很简单：女孩的城府极深，不适合做女友。

除了握酒杯的方式可以看出真实的个性，通过喝酒的场所、酒后的状态也可以判断一个人的性格特征：

FBI心理专家分析，常去路边摊喝酒的人，性格比较坦诚，不喜欢装模作样；喜欢在高级酒吧或是饭店喝酒的人大多是为了应酬交际，但有些人也比较虚伪、爱慕虚荣；喜欢在啤酒屋喝酒的人性格较为拘谨，希望通过喝酒来放松自己。

另外，酒后的状态也可以反映出一个人的性格特征。FBI心理专家分析，喝完酒倒头就睡的人，为人比较理智，能够约束自己的言行，性格较为随和，与人相处很融洽；喝醉后喜欢哭泣的人，性格较为自卑、消极，总是牢骚满腹；酒后喜欢笑的人，性格乐观，富有幽默感；酒后唠叨个没完的人，情绪非常不稳定；酒后信口开河的人则是怀才不遇，借酒抒发内心的不满。

第四节 饮食习惯背后的"心声"

近日，FBI 接手一起谋杀案。当特工们赶到犯罪现场进行搜查时才发现，现场的指纹、证据等都已经被凶手清理得干干净净，没有留下任何有价值的线索，看起来似乎是一次完美的犯罪。

可是，FBI 特工却不相信"完美犯罪"一说。他们仔细观察犯罪现场后推断，凶手做事非常周密、严谨，因此在犯案后才把现场清理得如此干净。

但 FBI 特工经过深入调查发现，有三名嫌疑人与此案有关系，于是，他们按照惯例对其进行询问。当 FBI 找到其中一个嫌疑人时，他正在家里吃饭。特工敏锐地发现，这名嫌疑人在吃饭时，习惯细嚼慢咽，而且吃东西非常慢。因此，特工推断像他这样的人做事一向周密严谨，对自己和他人要求都比较严格。这与 FBI 心理侧写师的分析相当符合。

后来，经过 FBI 特工的深入调查发现，这名嫌疑人正是凶手。可能凶手怎么也没有想到，自己完美犯罪的失败竟是因为他一个小小的生活习惯暴露了自己。

俗话说："民以食为天。"饮食是人们最基本的需求，在饮食的过程中，一些微小的习惯动作是很难伪装出来的，从这些习惯动作能够听出人们真正的"心声"。案例中 FBI 特工正是通过嫌疑人的饮食习惯而推断出他的性格特征，经过进一步的调查，最终将其缉拿归案。

的确如此，不同的饮食习惯展现出不同类型的性格：吃饭时闷声不响，只关注食物的人，性格可能较为害羞或是孤僻；吃饭时习惯发出很大的声音，这类人不会考虑他人的想法和感受，往往比较自私；一边吃东西一边说个不停的人，则表明其性格较为急躁。

因此，通过小小的饮食习惯便能看穿他人的真正内心。在此，我们就与 FBI 心理专家一起研究下还有哪些饮食习惯能够帮助我们了解他人的性格特征：

习惯分类摆放食物再进食

FBI 心理专家分析，有这种饮食习惯的人生活比较有规律，而且是一个很爱整理和清洁的人，不管是衣服还是房间都清理得干干净净。但正因为如此，其中有些人会有强迫症的倾向。

安安的生活相当有规律，早晚时间、周末活动她都安排得井井有条，家中的环境、衣物也是打理得相当干净。她在吃饭时，就喜欢将食物分门别类，整理好后才开始吃，朋友们都说她有"食物强迫症"。

与分类摆放食物相反的是，有的人则习惯将各种食物搅和在一起进食。FBI 心理专家分析，习惯这种饮食方式的人性格较为开放，往往有不错的人际关系，而且很容易接受新事物。但在遇到某些问题时，他们往往拿不定主意，缺乏决断力。

习惯独自吃饭

FBI 心理专家分析，习惯这种饮食方式的人性格比较孤僻，有些孤芳自赏。不过，他们做事比较沉稳，有责任心，能够做到"言必行，行必果"。通常来说，这类人深得亲朋好友和领导的满意。

黄鑫已经在公司做了三年多了，但是他性格很孤僻，不喜欢与其他同事来往，经常独自一人吃饭。虽然他的工作能力很强，但因为他孤僻的性格，让很多同事都感觉他有些自命清高。不过，黄鑫却深得领导的赏识，不管领导交代他做什么，他都能够保质保量地完成。

吃东西前习惯将其切成小块

FBI 心理专家分析，习惯这种饮食方式的人为人处世比较小心谨慎，不会轻易得罪人，在大多数情况下，都会保持中立的态度；思想较为保守，缺乏冒险精神，虽有远大的理想和目标，却由于畏首畏尾而无法取得出色的成就。在人际交往方面，这类人有些机智和圆滑，即使不想接受他人的意见，也不会表现得太过明显。

习惯站着吃东西

FBI 心理专家分析，习惯这种饮食方式的人性格比较温和，对他人比较关心和体贴；没有远大的抱负和野心，对现状很满足。对这类人来说，他们并不会太在意吃得怎样，只要让他们吃饱就可以，力求简单、方便。

陈晨是一个性情比较温和的人，对女友相当关心和体贴。可女友却不喜欢他的饮食方式，因为他对吃太不讲究了：每天早上上班时，在站着等车的间隙他就将早餐吃完了；晚上下班则在路边摊随意点些东西，站在那里将其吃完。

狼吞虎咽式吃东西

FBI 心理专家分析，习惯这种饮食方式的人性情较为豪爽、坦率，对待他人往往比较真诚；有较强的竞争心理，不轻易妥协和认输，总喜欢搏一把；做事比较果断、干脆利落，有主见，但有时候也有些自以为是，听不进他人的建议和忠告。

一边走路一边吃东西

FBI心理专家分析，习惯这种饮食方式的人性格往往比较冲动，经常意气用事，从而将事情弄到不可收拾的地步。他们边走边吃东西，虽然看起来非常匆忙，但实际上并非如此，这是由于他们没有合理地安排时间造成的。比如，一些上班族在晚上喜欢玩手机、电脑游戏，所以睡得很晚，而早上却贪睡不愿早起，因此每天都是急急忙忙，踩着时间点上班，在上班路上边走边吃东西。

另外，一边看电视一边吃东西，则表明此类人性格较为孤僻，习惯于通过看电视来消除内心的孤独感。

习惯按照顺序吃东西

FBI心理专家分析，习惯这种饮食方式的人心思较为缜密，做事情喜欢有条不紊地进行，不愿意改变。他们会为了做好某件事情花大量的时间考虑，将各方面可能出现的问题都考虑清楚，才着手去做。由于凡事都要做好周密的准备，因此当遇到意外状况时则会感到慌乱，有些措手不及，不知如何解决。

某公司中，甲和乙都有望成为市场总监。本来，甲以为自己坐上总监的位置胜券在握，因为他的业绩一向比较突出。可最终结果却是乙升职成为了市场总监。甲对此非常不服气，向领导询问自己到底因为什么而输给乙。

领导先肯定他的能力，而后耐心地对他说："你的工作能力是毋庸置疑的，但是你的应变能力却不如乙。其实，我从你的饮食方式就看得出来。"甲以为领导是没有其他借口，而随便编个理由搪塞自己，有些不满道："怎么会？饮食方式就能看出我的应变能力吗？"

领导接着说道："你吃饭时习惯按照顺序去吃，从来不喜欢打破常规。

这表明你做什么事都喜欢做好充分的准备再行动，一旦遇到意外状况，就会手忙脚乱。你想想你在工作上是否出现过这种情况？而市场本来就是瞬息万变的，需要的是随机应变的能力，你却欠缺这一点。"

这时，甲才意识到自己在应变能力方面确实比不上乙，自己在工作中的确出现过领导所说的那种情况。

除此之外，通过对食物的喜好也能够看出一个人的性格特征。

FBI 心理专家分析，喜欢吃酸的人性格有些孤僻，不擅长交际；喜欢吃甜食的人性格开朗，但有些胆小；喜欢吃咸的人做事有计划、比较稳重，但是有点虚伪；喜欢吃辣的人比较有自主意识，善于思考；喜欢清淡食物的人性格比较随和，但独立性不强；喜欢吃炖煮类食物的人性情温顺，但喜欢幻想；喜欢吃烧烤类食物的人，性情比较急躁，但有较强的上进心。

第五节　书写笔迹构成"心理实录"

FBI接手一起支票诈骗案：作案人员伪造他人的笔迹，从银行提取了高达3千万美元现金。因此，FBI特工立刻着手调查此案。

由于作案者在提取现金时做了伪装，增加了调查取证的难度。唯一的线索就是犯罪人留在银行的假支票，所以FBI决定从这张假支票以及支票上的笔迹入手。

他们先对各大银行的支票进行细致的调查，然后锁定几家银行，让FBI特工伪装成银行的员工在那里蹲守。几个月后，他们发现一个形迹可疑的男子进入了银行。

那个男子戴着帽子和大墨镜，走进银行后不停地四处查看，然后才到银行柜台办理取款业务。在签名时，那名男子有了一丝的迟疑，而后才下笔签名。

但FBI特工没有立刻行动，而是继续尾随跟踪他。当他进入一家珠宝店购买珠宝需要签名时，一名特工不动声色地靠近他，假装买珠宝。此时，特工发现他的签名与在银行的签名完全不同。这让特工更加感到他可疑，当场将其控制住，并带回办事处审讯。

在审讯的过程中，那名男子虽然看起来镇定自若，回答问题也很流畅。但当FBI特工让其写出自己的名字时，他犹豫了几秒之后才写下。敏锐的特工发现这个细节，断定他就是支票诈骗案的嫌疑人。对其严加审讯后，那名男子的心理防线渐渐瓦解，最终交代了自己的犯罪事实。

　　研究表明，笔迹分析其实就是"心理实录"，通过简单的笔迹就能够分析出一个人的性格特征，因为不同的人书写的笔迹也大不相同。FBI 的心理专家表示，在侦破案件的过程中，笔迹分析是比较有价值的线索，对案件的调查有实质性的帮助。案例中的 FBI 特工正是通过几个简单的字迹就推断出诈骗案的嫌疑人，经过深入调查和严格审讯后将其缉拿归案。

　　FBI 心理专家表示，字如其人，根据一个人的笔迹就能判断其内心活动和性格特征。比如，字体比较小且结构不稳定，表明此人心胸狭隘，容易嫉妒他人；字迹棱角分明，则表明此人做事意志比较坚定；字迹圆滑，表明此人性格比较随和，办事稳妥。

　　可见，通过笔迹能够准确地看出书写人的性格特征。那么，还有哪些类型的字迹能够反映出书写人的内在心理和性格呢？在此，我们就与 FBI 心理专家一起来探究下：

书写的字体比较大

　　FBI 心理专家分析，习惯写大字的人性格属于外向型，比较直爽，有很强的表现欲，喜欢引起他人的注意；与人相处时，往往以自我为中心，不太考虑他人的感受和想法。另外，与他人交谈时，不会耐心地听完他人的话，还会经常打断对方。因此，在他人眼中，这类人往往不太礼貌。

　　在一次书法比赛中，正上初二的小琪认识了另外一个学校的小雨。当时，小雨作品的字体比较大且非常工整，因此得了书法比赛的第一名，而小琪则得了第二名。不久，两人就成了好朋友。

可是，相处一段时间后，小琪渐渐开始疏远小雨。因为小雨是一个完全不考虑他人感受的人，而且相处的时候经常会打断小琪的话，这让小琪感到很受伤，不愿再与他做朋友了。

书写的字体比较小

FBI心理专家分析，习惯写小字的人性格比较内向，性情温和，不喜欢争强好胜，也不爱出风头；心思细腻，比较注意细节。但是他们不愿将自己的真情实感表露出来，即使是自己不喜欢的人，他们也能很好地隐藏自己的厌恶情绪，并与之和平相处。但是，由于他们不愿将自己的个人情感表露出来，因此，这类人时常会感到焦虑。

此外，在处理问题上，他们比较缺少主动性，喜欢依赖他人。FBI心理专家分析，这可能与其生长的环境和经历有关，从小就缺乏独立自主精神的培养。

字迹较为工整

FBI心理专家分析，习惯书写工整的人自制力比较强，通常不会被情绪所左右；喜欢独立思考，擅长以清晰的思路来分析和判断问题；对待工作非常认真，能够出色地完成领导交给的任务。而在日常生活中，他们往往比较节制，不会乱花钱去买那些没有实际价值的物品。

一场应聘会中，某公司的面试非常简单，只需随意写一段话即可。因此，很多人都跃跃欲试。可最终，面试官挑选了一个书写比较工整的人作为公司的员工。

面试官的眼光非常精准，他选择的那个人在工作中表现得非常出色，不仅做事认真，而且忠于职守。每次领导指派的任务他都能够保质保量地完成。

字体书写方正

FBI 心理专家分析，习惯书写方正字体的人为人比较正直，心地善良且热心肠；处理事情力求公平、公正。在日常生活中，这类人比较随和，喜欢快乐地享受当下的生活。

爱好字画的老李，一向喜欢写方正字体。退休后他依然不闲着，开办了字画班，免费教小区里的孩子写字、画画。

书写时刻意一笔一画

FBI 心理专家分析，书写时刻意一笔一画的人往往看起来比较有内涵和修养，实则是一个虚伪的人。他们刻意地一笔一画，其实是在掩饰自己内在的空虚。这类人多半是没有什么文化内涵，但总喜欢借用名人或伟人的话，以此炫耀自己的博学，实际上是他们缺乏自信的表现。

在很多女孩眼中，孙斌是个非常有文化内涵的人，因为在与人交谈时，他总喜欢引用一些名人或伟人的话。写字时，也是一笔一画的，看起来非常认真且有学问的样子。因此，很多女孩都比较喜欢与其聊天。

可没过多久，与其相处的人就会发现，他实际上并没有什么文化修养，讲话内容也比较乏味，只是伪装得很有文化内涵的样子，实则是金玉其外，败絮其中。后来，再也没有人愿意与孙斌聊天了。

除了书写的字体外，通过书写的结构和速度，也能够判断一个人的性格特征。FBI 心理专家分析，字体结构严谨且书写比较规范、工整的人，性格较为稳重，考虑事情比较全面，做事认真、有规划；而字体结构比较松散且缺少章法的人则粗心大意，自由散漫，并且自我控制力比较弱；而书写速度缓慢的人做事比较小心谨慎；书写速度较快的人则善于观察，但做事没有恒心，容易半途而废。

第六章
FBI 教你通过兴趣爱好探寻内心

在日常生活中，很多人都会利用兴趣爱好来调剂自己的生活，一个人的兴趣爱好与其个性心理之间不无联系，在一些案例中，FBI特工正是通过嫌疑人的兴趣爱好推断出案件与其有关，在深入调查后将其辑拿归案的。

第一节　钟爱音乐背后隐藏的真实个性

午后，FBI 特工正在紧张地忙碌时，一名特工接到了一个报警电话，一位母亲声称自己的孩子已经失踪一天了。本来以为她在其他小朋友的家里玩。可是，认识的亲朋好友都找了一遍，也没有孩子的踪影。

接到报案后，FBI 特工立刻着手调查。他们先对报案者的家中进行搜查，希望可以找到有用的线索。可在搜查的过程中，FBI 特工却在孩子父亲的书房中发现了一条重要线索：孩子父亲对风格颓废、悲伤的音乐作品尤其钟爱，在书房中有很多这种类型的音乐唱片。

因此，FBI 特工分析，孩子的父亲有可能是一个悲观主义者，情绪非常不稳定，而且喜怒无常。这是不是和孩子的失踪有关？FBI 特工做出大胆的假设：是不是孩子父亲在情绪不稳定的情况下伤害了孩子？

经过 FBI 特工的深入调查发现，孩子父亲确实有虐待孩子的犯罪记录。于是，他们立刻抓捕孩子父亲并对其进行审问。经过 FBI 的严格审讯，孩子的父亲交代了犯罪事实：在自己情绪不稳定时，失手打死了自己的孩子。

FBI 心理专家表示，音乐能够反映一个人的真实个性。研究者曾做过这样的实验：让一个人选择 10 首他喜欢的歌，在听完这些歌后，研究者可以对其性格做出准确的判断。案例中的 FBI 特工正是发现嫌疑人喜欢听悲伤、颓废风格的音乐，从而推断出孩子的失踪与其有关，在深入调查后将其缉拿归案的。

在日常生活中，很多人都会利用音乐来调剂自己的生活：工作累时会听听音乐来放松心情；坐车旅行时会通过听音乐来缓解旅途的困乏；无聊寂寞时会借助音乐来驱散孤独。似乎缺少了音乐，人们的生活就变得枯燥乏味，难以忍受了。而选择不同类型的音乐，可以真实地反映出一个人的性格特征。比如，喜欢古典音乐的人性格比较内向，富有创造力；喜欢摇滚音乐的人大多精力充沛，擅长社交；喜欢蓝调、爵士乐的人则性格比较外向，而且自尊心比较强。

在此，我们就与 FBI 心理专家一起深入了解下音乐喜好与个性心理之间的联系：

钟爱古典音乐

FBI 心理专家分析，钟爱古典音乐的人不管什么时候都会保持自己优雅的姿态，喜欢追求完美的境界，并有高雅的审美情趣。虽然他们待人比较谦和、有礼貌，但是他们中的大多数人都比较孤独。由于他们内心总是充满了优越感，很少有人能够真正走入他们的内心世界。

在一幢居民楼中，2010 室新搬来一位邻居。刚搬来时，她还给 20 层的每一位住户都送去了小礼物，声称很荣幸成为大家的邻居。自从她搬来后，每天下午三四点钟就会从她的房间里传来一阵阵古典音乐声。

可是，她在 20 层住了将近一年，很多邻居却对其了解少之又少，连她的名字都不知道，只知道她姓陆。自从她搬进来那一天与大家谦逊地打过招呼后，很多人都感到她难以接近，所以几乎没有人主动与其说话。

钟爱轻音乐

FBI 心理专家分析，钟爱轻音乐的人为人谦逊礼让，不管是在生活中还是在工作中，都不喜欢与人争斗；心地善良，乐于助人；为人处世小心谨慎，但又非常机敏，虽然外表看起来很柔弱，但由于谨慎和机敏而能够很好地保护自己。在工作中，这类人虽然没有什么新的突破，但是却有很多发展机会，会得到贵人相助，如果抓住机会，则会有非常不错的发展。

钟爱颓废、悲伤风格的音乐

FBI 心理专家分析，钟爱颓废、悲伤音乐的人大多属于悲观主义者，生性比较多愁善感，非常敏感并稍微有些神经质，因此他们的情绪极其不稳定，喜怒无常。遇到困难和挫折没有应变和适应能力，他们总会把事情往最坏的方向想，而且有些歇斯底里。因此，与这类人相处时往往让人受不了。比如，案例中杀害自己孩子的父亲。

钟爱摇滚音乐

FBI 心理专家分析，钟爱摇滚音乐的人精力非常充沛，性情比较冲动，有时候会有些愤世嫉俗，因此控制不了自己激烈的情绪；个性张扬，喜欢引起他人的注意；害怕孤独，不能忍受寂寞。不过，在人际交往方面，他们非常擅长社交，懂得在什么场合说什么样的话，与不同的人打交道也有不同的"潜规则"。

钟爱交响乐

FBI 心理专家分析，钟爱交响乐的人性格比较乐观，很有自信心。不管做什么事都感到信心十足，只想着积极的一面，因此会有些不务实。

苏醒在上大学时学的是播音主持专业，平时的爱好就是听交响乐。由于他比较活跃，在课余时间，还时常担任学校集体活动的主持工作，备受大家的好评。因此，毕业后他自信地对朋友说，自己一定会成为某个电视台的著名主持人。可是，由于他眼高手低，只想着做主持人的工作，却不愿从基层做起，所以毕业两年了，他依然是高不成低不就的状态。

钟爱歌剧

FBI 心理专家分析，钟爱歌剧的人有些情绪化，但能很好地控制自己的情绪，不会随意向他人发脾气；追求完美，总想让每个细节都尽善尽美，因而会有些吹毛求疵；思想较为保守，有很强的传统意识；求知欲强，敏而好学，总是通过不断的学习来充实和完善自己。

另外，这类人大多是实干派，通常都是说得少，做得多。虽然做事追求效率，但不是那种好大喜功的人。

钟爱民族音乐

FBI 心理专家分析，钟爱民族音乐的人性格开朗、心地善良，对待他人比较热情。这类人不仅对父母很顺从，而且比较喜欢关心和照顾他人。如果是男性的话，是一个顾家的好男人；若是女性，则是贤妻良母型的人。

钟爱流行音乐

FBI 心理专家分析，钟爱流行音乐的人崇尚简单、快乐的生活。他们的性格内向，待人和气，心情好时会将自己的温柔和风趣等优点尽情地展现出来，成为他人关注的焦点。可是，一旦他们被琐事烦扰时，就会乱发脾气，对人没好气。因此，这种忽冷忽热的性格会让人捉摸不透。

郑伦与女友相识在大学，起初，他被女友温柔的性格所吸引。平日里，他有时候会陪女友去图书馆看书，或者是女友陪他去打球。当他打球时，女友则一边听着流行音乐，一边为他加油助威。

可是，这种美好的时光还是被打破了。相处久了，郑伦越来越捉摸不透女友的性格。心情好时，她就会将自己风趣、温柔的一面展现出来。可是，当遇到一些琐事时，她就会乱发脾气，对郑伦说话阴阳怪气的。因此，他们交往半年后，郑伦主动提出了分手。

第二节　从喜欢的电视节目洞察内心

最近，FBI 遇到一起非常棘手的谋杀案。整个案件看起来似乎没有任何线索，即使有一点可用的线索，但调查下去后却是死胡同。这让 FBI 的特工们感到很气馁，也感到凶手似乎在向他们发出挑战。可即使如此，FBI 并没有放弃，而是不厌其烦地搜索有用的信息。

功夫不负有心人，FBI 特工终于找到了有关凶手的蛛丝马迹，从而确定了几个嫌疑人。随后，他们开始对这些嫌疑人进行调查和询问。当他们按照惯例找到一名嫌疑人进行询问时，他正在家里气定神闲地观看着体育节目。

这一举动引起了 FBI 特工的注意，因为从嫌疑人观看的体育节目可以看出他的内在个性：有很强的竞争心理，越是面对巨大的压力，越是愿意接受挑战；做事总喜欢制定好周密的计划再行动。这与 FBI 心理分析师通过犯罪现场分析出的凶手的兴趣爱好不谋而合。而在询问的过程中，嫌疑人虽然看起来镇定自若，但眼神却有些躲闪，而且总是避重就轻地回答问题，这更让 FBI 特工感到可疑。

后来，经过 FBI 特工的深入细致的调查发现，所有的犯罪证据正指向那名嫌疑人。于是，特工们对其进行抓捕。面对铁证如山的证据，那个嫌疑人终于对自己的犯罪事实供认不讳。

现如今社会，很多人都会通过看电视来放松心情。但是 FBI 心理专家却指出,通过看电视的行为方式和偏好的节目能够透视一个人的内心世界。案例中的 FBI 特工正是通过嫌疑人喜欢看体育节目而分析出他的性格特征,从而与犯罪现场联系在一起,后经过缜密的调查将其缉拿归案。凶手可能自始至终都不明白:自己的犯罪计划如此周详,犯罪现场几乎没有留下一点线索,警方是如何找到自己的呢?

可见,通过看电视的行为或是电视节目就能判断一个人的内心和性格特征。那么,还有哪些看电视的喜好可以看出人们的内在个性呢?在此,我们就与 FBI 心理专家一起来探究下:

看电视比较专注

FBI 心理专家表示,看电视比较专注的人做事比较认真,能够全身心地投入到某件事中;情感细腻,具有丰富的想象力。比如,曹珊看电视时总是相当专注,有时候别人跟她说话,她却好像没听见似的。学习也是如此,她总是全身心投入其中。即使有人在旁边喧哗,她也不会受到影响。

将电视当成催眠工具

FBI 心理专家分析,习惯将电视当成催眠工具的人个性比较随和,不管遇到什么困难和挫折都能乐观地面对,并且会积极地寻找各种应付的方法。比如,独自生活的老贾喜欢将电视当成催眠工具,每晚伴随他入睡的都是各种电视节目,而他从来都不关注那些电视节目的内容。

一边看电视一边做其他事情

FBI 心理专家分析,一边看电视一边做其他事情的人适应能力比较强,能够很快地适应不同的环境;精力充沛,喜欢挑战,开拓新的领域,追求新鲜、刺激的事物。比如,一些喜欢探险、冒险的人。

看电视喜欢不断换频道

FBI 心理专家分析,看电视喜欢不断换频道的人往往没有较强的忍耐力,但是个性比较坚定、独立,有主见,不会随波逐流,一旦确定自己的目标就会努力实现，即使遇到困难和挫折也不会轻易放弃。另外，在生活中，这类人往往比较节俭，不会随意乱花钱，更不会轻易地浪费时间。

周末，妍妍与闺蜜相聚。在闲聊中，闺蜜谈起了男友的缺点。妍妍也开始抱怨道："我最讨厌与我男朋友一起看电视了，只要他看电视，总是不停地换频道，害得我都无法完整地看一个节目。"

闺蜜却说："不过，从这一点也可以看出你男朋友的一些性格是相当不错的。前两年你不还说，当其他人都在挤破了脑袋往事业单位钻时，你男友却放弃了自己的'金饭碗'，辞去了工作，开始做生意。现如今，他是不是已经开了两三家连锁店了。这表明他是一个很有主见，不随波逐流的人，而且会为了自己的目标坚持不懈地努力。"

除了一些看电视的行为习惯外，从收看的电视节目内容上也可以探究一个人的内心：

喜欢看综艺节目。FBI 心理专家分析，喜欢看综艺节目的人性格开朗、心地善良，不管遇到什么事都能乐观地面对。在人际交往方面，这类人不会因为一点小事而斤斤计较，而且很会体谅他人。

喜欢看喜剧节目。FBI 心理专家分析，喜欢看喜剧节目的人大多习惯用幽默来隐藏自己的真情实感，个性比较含蓄，家庭观念比较强。比如，在外人的眼中，小贝是一个非常有幽默感的人，而且非常爱看喜剧节目。可是，了解他的人都知道，他只是用幽默的外衣来伪装自己的内心，不喜欢将内心的想法和情绪宣之于口。

喜欢看猜谜节目。FBI 心理专家分析，喜欢看猜谜节目的人推理能力比较强，而且智商也很高，对于很多问题都能够做出客观、理智的分析。对于他们来说，最讨厌那些无知和愚蠢的人与事情。

喜欢看体育节目。FBI心理专家分析，喜欢看体育节目的人有很强的竞争心理，越是面对压力，他们越是愿意接受挑战，并且表现得不错。另外，他们做事喜欢制定好周密的计划，再采取行动。比如，案例中提及的犯罪分子。

喜欢看访谈节目。FBI心理专家分析，喜欢看访谈节目的人很有主见，因此会稍微有些偏执。他们在做任何事情时都会认真地考虑，思维比较缜密，并喜欢与人争论。比如，一些辩论家。

喜欢看恐怖节目。FBI心理专家分析，喜欢看恐怖节目的人好奇心比较重，喜欢追求刺激，不管做什么事情都会善始善终。比如，一些FBI特工或是警察，当案件进展不顺时他们并不会就此罢休，而是带着好胜的心理，坚持将案件调查个水落石出。

第三节　从所养的宠物看对方的性格

一天早上，FBI 接到一个报警电话："在纽约第五大道发生了一起凶杀案。"随后，FBI 特工火速赶往犯罪现场。他们一方面对现场进行勘查，一方面寻找目击证人询问。

有目击证人表示，在案发前，他曾看到一个脾气暴躁的人与受害者发生激烈的争吵。本来两个人只是心平气和地讨论着某件事，可后来不知怎么回事儿，他们吵得越来越厉害，还发生了肢体碰撞。随后他有事离开了，就不知道接下来发生的事情了。

经过细致的调查，FBI 特工找到了与案件有关的嫌疑人。当按照惯例上门询问时，FBI 特工却被嫌疑人所养的宠物吓了一跳：门口拴着一只凶猛的藏獒，进入房间里，还有很多蜘蛛被养在器皿中。通过这些宠物，特工推断嫌疑人性格暴躁，而且有攻击欲，这与现场的目击证人所描述的嫌疑人特征不谋而合。

当 FBI 特工对嫌疑人进行询问时，也发现了他暴躁的一面：还没有问几个问题，他已经开始不耐烦。虽然他一直否认自己与这起案件有关，但却不正面回答特工提出的问题。

后来，经过 FBI 特工的深入调查和严格审讯后，嫌疑人只好交代了犯罪事实：由于暴躁的脾气没有控制住，从而将死者失手杀害。

FBI心理专家表示，通过养何种宠物，可以看出一个人的性格特征以及潜在的特质，而且人们总是在无意识的情况下选择与自己长得相像或是具有某些相同性格特质的宠物。比如，案例中的嫌疑人由于性格暴躁且具有攻击欲，因而选择豢养藏獒和蜘蛛。而FBI特工正是通过他所养的宠物推定他的性格特征，后经深入调查和审讯，嫌疑人不得不对犯罪事实供认不讳。

研究表明，不管养何种宠物，都是人们内在特质的一种表现形式，即所养的宠物就是潜在性格的一个延伸。比如，喜欢养猫的人性格温柔，崇尚独立自主；喜欢养蛇或是蜥蜴，表明此人性格敏感，喜欢刺激的生活；喜欢养鱼的人，向往大自然，追求自由。

那么，哪些宠物能够映射出主人的性格特征呢？在此，我们就与FBI心理专家一起来了解一下：

喜欢养猫

在日常生活中，如果仔细观察猫会发现，它们在行走时，头总是高昂着，尾巴高高地竖起，像个高傲的公主似的；睡觉时，则是慵懒地卧在一边，眯着眼睛。FBI心理专家分析，喜欢养猫的人个性比较慵懒、温柔；喜欢装扮自己，爱做白日梦；做人做事比较稳重，有包容心。另外，这类人崇尚独立自主，不愿附和他人，不会委曲求全，而且是一个不怕麻烦的人。比如，美国前总统林肯和"非洲圣人"阿尔贝特·施韦泽都是比较喜欢养猫、爱猫的人。

反之，那些讨厌猫的人大多占有欲比较强，自尊心也很强，凡事都喜欢按照自己的意愿来进行。比如，亚历山大二世、凯撒大帝等政治家都非常讨厌猫。

喜欢养狗

养狗的人都知道，当主人快到家门口时，狗总会跑出来恭顺地迎接。

FBI 心理专家分析，喜欢养狗的人性格开朗、乐于交往；为人忠诚、友善，但是比较缺乏安全感，希望得到他人的关心和爱护。

石涛是一个非常喜欢养狗的人，平日里经常会与养狗的朋友一起交流经验和心得。因此，他有很丰富的人脉关系。

另外，喜欢养不同种类的狗，性格也大不相同。FBI 心理专家分析，喜欢养牧羊犬的人有较强的虚荣心，喜欢向他人炫耀自己的与众不同；喜欢养狮子狗的人性格活泼；喜欢收留流浪狗的人富有同情心。

喜欢养鸟

FBI 心理专家分析，喜欢养鸟的人往往具有双重性格，一方面他们的性格比较活泼，渴望自由，但另一方面又存在孤独和忧郁的性格特质，不擅长交际，总是担心失去某些东西。另外，他们还有点愤世嫉俗。因此，FBI 心理专家建议，当与这类人打交道时，不要被他们的双重性格搞得一头雾水。

喜欢养蛇和蜥蜴

提到蛇和蜥蜴，很多人可能都有些不寒而栗，因为它们长相丑陋，让人不敢靠近。实则不然，喜欢它们的人都认为其温顺可爱。FBI 心理专家分析，喜欢养蛇和蜥蜴的人性格比较敏感，虽然智商比较高，但情商有些低；比较另类，喜欢特立独行，不擅长与人交往，也不会太在意他人的眼光，因此，身边的朋友少之又少。

关关是一个非常另类的女孩子，其他人都将猫或狗当成宠物，而她却喜欢养蜥蜴，认为它非常温顺可爱。每天上下班她都是独来独往，周末休息时，她则一个人宅在家里。

喜欢养鱼

FBI 心理专家分析，喜欢养鱼的人性格豪迈，不喜欢受到约束，追求自由自在的生活。另外，他们比较注重陶冶情操，崇尚大自然。不过，FBI 心理专家建议，与这类人交往时，表达感情不要过于直接和热情，因为他们更喜欢含蓄一些的方式。

程峰最近喜欢上一个女孩子，他被女孩子豪爽的性格所吸引。为了俘获女孩的芳心，程峰对其展开了猛烈的攻势：每天抱着花等着女孩上下班；节假日更是各种礼物相送；时不时还会发一些喜欢她之类的短信。可是，女孩子迟迟没有答应他的追求，而且还有点躲避他。

这让程峰感到非常不解，便向好友大倒苦水。好友听后反问他道："你了解那个女孩的兴趣爱好吗？"程峰想了想，回答道："听说她比较爱养鱼。"好友拍着大腿道："原来是你用错了表达方式。在感情方面，这类女孩子不喜欢太过直接和热情，她们只是更喜欢含蓄一点的表达方式。"

果然，程峰听从朋友的建议后，很快俘获了女孩的芳心。

第四节　通过读书喜好解读对方的性格

在一起凶杀案中，FBI 特工经过调查发现，所有的犯罪证据都指向一个性格温和的老师。这让 FBI 特工有些不解：一个温文尔雅的人会因为什么事情而将他人杀害呢？

经过深入调查，FBI 特工发现嫌疑人的爱好是读诗歌、散文之类的书籍。这一爱好引起了特工的注意，他们分析嫌疑人虽然性格温和，脾气不错，但是如果他人做出欺人太甚或是得寸进尺的事情，他们就变得判若两人。

是不是受害者做过什么过分的事情而让嫌疑人失去理智，从而将其杀害呢？FBI 特工不禁产生了这样的疑问。

当特工与嫌疑人接触时发现，在回答问题时，他总是彬彬有礼地作答。这让特工几度认为他只是一个与此案无关的老师，而不是嫌疑人。可是，面对铁证如山的证据，嫌疑人还是交代了犯罪事实：他与受害者曾是朋友，可朋友后来却成了赌徒和毒贩，并用他的名义借钱。这让他感到非常气愤，后来在一次极度愤怒的争吵中将其杀害。

研究表明，读书不仅能够提高人的知识和涵养，我们还能够通过读书喜好来读人，从而了解一个人的性格和内心世界。案例中 FBI 特工正是通过嫌疑人对诗歌、散文之类书籍的喜好而剖析出他的性格特征，从而将其缉拿归案。

虽然说人的性格三分是由于遗传所致，但七分则是靠后天养成的。通过读书，能够在潜移默化的作用下塑造一个人的性格。美国心理学家霍夫曼博士研究发现，人的性格与读书存在非常密切的关系。比如，喜欢读幽默、笑话类书籍的人性格比较风趣，遇到任何事情都能乐观面对；喜欢读时尚类书籍的人比较在意外在形象，好面子；喜欢漫画书籍的人追求自由，喜欢过无拘无束的生活。

因此，通过他人所喜好的书籍就能分析其性格和内心。在此，我们就与 FBI 心理专家一起剖析一下吧：

喜欢读侦破类书籍

FBI 心理专家分析，喜欢读侦破类书籍的人头脑灵活、爱钻研，勇于挑战各种难题。尤其是别人束手无策的问题，他们却敢于挑战，并对那些难题产生极大的兴趣。比如，爱读侦破类书籍的朱铭喜欢解一些"变态"的难题，诸如"如何摆放五个大小相同的一元硬币？前提条件是两两相接触"。结果，朱铭在那里研究了一两个小时后有了好多种摆法。

喜欢读传记类书籍

FBI 心理专家分析，喜欢读传记类书籍的人做事小心谨慎，但好奇心比较重。他们在做出某项决定前，会权衡利弊得失以及可行性，不会贸然行事。比如，朋友都喜欢与姜灿一起旅行，因为在旅行前，他都会做出周密的计划，哪些地方适合住宿，哪些地方更具特色，适合旅行等。

喜欢读诗歌、散文类书籍

FBI 心理专家分析，喜欢读诗歌、散文类书籍的人性格温和，脾气不错。可是，这并不意味着他们好欺负，如果把他们惹急了，生起气来就会变得判若两人。他们秉承着"人不犯我，我不犯人；人若犯我，我必犯人"的做人理念。因此，FBI 心理专家建议，与这类人交往时最好不要轻易惹怒他们，否则，后果不堪设想。比如，案例中的犯罪嫌疑人。

喜欢读恐怖类书籍

FBI 心理专家分析，喜欢读恐怖类书籍的人缺乏耐心、定力；由于生活比较沉闷，因此他们总是向往丰富多彩的生活，会通过各种途径来寻求刺激和新鲜感。在工作中，这类人会为了追求新鲜感而不断地更换工作。

在一场面试中，面试官问应聘者："你平时喜欢读什么类型的书籍呢？"应聘者响亮地回答道："恐怖类的书籍。"面试官礼貌地说："不好意思，我们不能录取你！"应聘者不解。

面试官回答道："你的简历上虽然没有明确地写出你工作了几家公司，但不可否认的是，你总是频繁地跳槽，在每个公司中都干不了几个月。我说的对不对？"应聘者似乎被看穿了内心，不好意思地低下了头。

喜好读历史类书籍

FBI 心理专家分析，喜好读历史类书籍的人做起事来慢条斯理，而且非常小心谨慎；做事注重效果，总是将时间花在一些有意义的工作上，而不愿去做一些无聊的事情；做人诚信可靠，不会轻率地答应他人的请求；稍微有些固执，一旦自己认定的事情，不会轻易地做出改变。

在人际方面，这类人喜欢比较稳固的友情，对亲密好友总是很豪爽、大方。同时，他们是非常值得信赖的朋友，因为他们秉承"受人之托，忠人之事"的理念为人处世。

喜欢读报纸或是八卦类杂志

FBI 心理专家分析，喜欢读报纸或是八卦类杂志的人性格开朗，极富同情心，总会给他人带来欢乐，并且喜欢制造趣味性强的话题。一般来说，这类人经常是办公场所或是社交场合中最受欢迎的人。比如，小贺平时比较喜欢看报纸杂志，被称为办公室的"段子高手"。每当大家工作疲惫的时候，小贺就会"奉送"一个趣味十足的段子，帮助同事赶走疲劳。

喜欢读兵书类书籍

FBI 心理专家分析，喜欢读兵书类书籍的人做事讲究谋略，懂得随机应变，不会太过死板和迂腐。比如，一些商人或是政治家等。

喜好读小说类的书籍

FBI 心理专家分析，喜好读小说类书籍的人性格比较坦诚、直爽；情感细腻，比较重感情；爱憎分明，真诚地对待自己身边喜欢的人，而对不喜欢的人不会强颜欢笑，因而容易得罪别人；生性乐观，遇到困难和挫折时能够积极面对，并能很快从中恢复过来。

在外人眼中，最近几年对张跃来说是最难熬的时光：丈夫遭遇车祸、母亲一病不起、公司运营出现问题……是谁都会感觉天要塌了。

可是，张跃并没有终日愁眉苦脸示人，而是乐观地面对这一切。每天，她处理完公司的事情后，就会去医院陪着母亲聊天，或是给她读一些比较有意思的小说。

不久，母亲身体渐渐康复了，公司运营也回到了正轨，而张跃依然在闲暇之余一边陪伴母亲，一边给她读小说。

第五节 揭秘运动与性格的深层关系

凌晨，FBI接到报案电话：当地的富翁瑞克被管家发现死在家中。于是，FBI特工立刻驱车赶往案发现场。到了现场之后，FBI特工一边对现场仔细地勘查，一边询问第一个发现瑞克尸体的管家。

特工问管家："你是什么时候发现瑞克遇害的？"管家立刻回答道："今天早上我在外面跑完步回来时发现的。"特工接着问："你每天都坚持跑步吗？"管家答道："是的，除了雨雪天气外。"

管家的这一爱好引起FBI特工的注意，他们分析，喜欢跑步的人性格倔强，有点自以为是，并且比较偏执，敏感。FBI特工猜想：是不是管家与瑞克发生过矛盾，而导致自以为是的管家将主人杀害。另外，这个管家是第一个发现瑞克遇害的人，这表明他也存在一定的嫌疑。

后来，经过FBI特工的深入调查发现，这位管家在瑞克不在的时候，总是以主人自居，指使佣人为其做些私事。瑞德知道后曾当面批评他，但他却与瑞克发生了激烈的争执。另外，FBI搜集的犯罪证据也都指向那位管家。

面对铁证如山的证据，那位管家最终交代了犯罪事实：由于瑞克要辞退他，他非常恼火，认为自己是个出色的管家，瑞克没有理由辞退他。可瑞克坚持自己的决定，并将他的工钱打到了他的户头上。对此，他怒不可遏，与瑞克发生了激烈的争执，不慎将其杀死。

研究表明，每个人都有不同的运动爱好，这与每个人的性格有很大的关系。案例中 FBI 特工在询问的过程中了解到管家喜欢跑步，从而分析出他偏执、自以为是的性格，后经过深入调查和审讯，终于抓获了真凶。

法国思想家伏尔泰曾说："生命在于运动。"只有通过运动，人们才会有健康的身体，同时，还包括心理健康。而对不同项目的偏好与一个人的个性心理有着密不可分的关系。比如，喜欢打高尔夫球的人经济实力雄厚，比较注重外在形象，思维开阔；喜欢滑雪、冲浪等刺激运动项目的人有冒险精神，喜欢充满挑战的生活；喜欢做瑜伽的人大多向往安定的生活。

可见，不同的运动爱好对应着不同的性格。除此之外，还有哪些运动爱好能够帮助我们洞察他人的真实个性呢？在此，我们就与 FBI 心理专家一起研究下：

喜欢游泳

FBI 心理专家分析，喜欢游泳的人性格比较内向，而且有些孤僻，不善于交往，因此朋友非常少。虽然他们有某种才能，但在他人的眼中却难以接近。另外，这类人还有些逃避现实。不过，他们有很强的自信心，懂得自律，也懂得如何放松自己。比如，喜欢游泳的高鹤平时总能合理地安排时间。即使在周末，他也是如此：周末上午在家或是去书店看书，下午则偶尔与朋友相聚或者去游泳馆游泳。

喜欢跳舞

众所周知，这种运动不仅要有视觉上的美感，还要有足够的耐力来坚持。对此，FBI 心理专家分析，喜欢跳舞的人不仅肢体动作反应灵敏，还有很强的忍耐力，因此这类人不排斥那些繁重而又乏味的工作，总会用自己的耐心将其完成；有丰富的想象力，但有时他们的想法有些不切实际。

林赛非常喜欢跳舞，本想当一名舞蹈演员。可是，父母却将她安排在一家银行工作，每天都是机械地输入冰冷的数字和面对一张张报表。起初，林赛非常排斥父母的安排。可是，在银行工作一段时间后，林赛渐渐适应这个环境。现如今，她已经在这个岗位上整整做了十年。

喜欢打球

不管是篮球、排球，还是足球，这些球类运动都是有组织的运动。这表明喜欢球类运动的人懂得与他人友好地合作。不过，不同的人喜欢不同种类的球，其性格也是截然不同的。

FBI 心理专家分析，喜欢打篮球的人性格坚强，一旦有了目标会坚持不懈地努力，即使遇到困难和挫折也不会轻言放弃，不达目的决不罢休；喜欢打网球的人性格独立，有敏锐的观察力，并有强烈的竞争意识和好胜心；喜欢打排球的人不拘小节，不喜欢与他人斤斤计较，而且他们做事一般注重过程而不是结果；喜欢踢足球的人积极乐观，对某些事拿得起放得下，但也有些人脾气暴躁、缺乏理性，有很强的攻击性。

喜欢散步

FBI 心理专家分析，喜欢散步的人不畏惧困难和挫折，对自己非常有信心；特别有耐心，心态平和，他们秉承"细水长流"的理念来生活。

喜欢户外运动

户外运动是指徒步旅行、爬山、骑马等运动。FBI 心理专家分析，喜欢户外运动的人比较乐观、自信，崇尚自由和无拘无束的生活，对生活的掌控力比较强。比如，退休后的老赵经常与几个好友一起爬爬山或是户外旅行。现如今，已经 60 多岁的老赵，看起来就像 50 多岁，每天都神采奕奕的。

喜欢在俱乐部或体育馆运动

FBI 心理专家分析，喜欢在这类场所中运动并希望有人陪伴他们一起运动的人性格外向，喜欢热闹，善于交际。这类人在遇到困难和挫折时，只要有人陪伴在其左右，就会坚持到底。

而喜欢在私人场所中运动锻炼的人个性坚强，做事沉稳。喜欢独自面对问题和解决问题，如果有人在未经他们允许的情况下提供帮助，还会颇有微词。

蔡军在高考中已经失利两次了，这让他很颓废，他不想再复读了，认为自己注定与大学无缘了。可是，经常和他一起在体育馆健身的朋友却时常鼓励他，让他坚持下去，不要放弃。

于是，蔡军再次鼓舞斗志，静下心来，认真地复习。而那些好友则一直陪着他、鼓励着他。在他学习累的时候，就陪着蔡军运动，放松一下。功夫不负有心人，蔡军考上了省里的体育大学。

第六节　从金钱态度洞察他人的性格特征

一天下午，FBI 接到一起凶杀案：一位年轻的女子在家中被人杀害。经过 FBI 特工的调查发现，死者是被人用刀从背后捅死的。通过对现场的勘查和调查取证，FBI 确定了两个嫌疑人。

第一个是受害者的秘密情人——一位有声望的富翁，另一个是富翁的司机。有线索反映，死者在遇害前曾与这两个人接触过。FBI 特工对他们进行了更为深入的调查。

在司机家中，FBI 特工发现他非常喜欢存零钱，而且还在家中特别为零钱存放开辟了一个地方。面对这一情况，FBI 特工分析这名司机是一个非常念旧的人，而且有着"受人滴水之恩当以涌泉相报"的优点。不过，这是他的优点，也是他的致命弱点。这表明他有可能会为了还他人的恩情而做出一些丧失理智的事情。

经过 FBI 特工深入调查发现，这名司机生活本来穷困潦倒，在一次机缘巧合之下遇到了富翁。富翁看他人比较老实，就让他做自己的司机。于是，他的生活才渐渐有所好转，对富翁也是相当感激。如今，他已经在富翁家中做了 20 年的司机。

因此，FBI 推断，富翁有可能利用司机对他的感恩戴德，而让其杀害了自己的情人。经过 FBI 的严格审讯，那名司机终于交代了犯罪事实：是富翁让他去杀人的，他愿意承担一切罪名。于是，FBI 将富翁和他的司机一起缉拿归案。

FBI 心理专家表示，从人们对待金钱的态度可以了解一个人的性格特征和内在心理。案例中的 FBI 特工正是从嫌疑人对金钱的态度和处理方式上窥探出他的真实个性，从而将其绳之以法。

金钱态度确实能够真实反映一个人的性格特征，FBI 心理专家还曾讲述了这么一则故事：一个美国人和一个英国人走在大街上，看到路边有一张面值很高的钱币时，英国人捡起来，看看自己的钱包并没有少钱，知道这张钱并不是自己的，又将其放在原地，继续赶路；而美国人发现这张钞票时，非常自然地将其放进自己的口袋中，如同自己的钱掉在地上似的。

虽然这则故事反映的是人性，但不可否认的是，不同的人对金钱态度的不同，可以反映出人的不同性格特征。比如，经常称自己很穷，但银行却有存款的人往往不怎么好相处，总认为亲朋好友对不起他；从来不会花钱买礼物送朋友的人比较自私，不懂得享受生活；出手阔绰，不善理财的人性格有些偏执。

可见，每个人对金钱的态度不同，其内在性格也千差万别。在此，我们就与 FBI 心理专家一起探寻一下面对金钱的态度所折射出的不同性格：

将钱随意乱丢

FBI 心理专家分析，喜欢将钱随意乱丢的人比较聪慧，有丰富的想象力；对待某些问题和事情非常专注；有些心直口快，因此会在无意间得罪一些人。另外，这类人还有些粗心大意。

比如，江蕙总是喜欢将钱随意乱丢，因此，在她家里的沙发上、茶几下、电视柜上随处可见一些零钱。可是，一旦她需要使用零钱时，却怎么也找不到。

喜欢炫耀身上的钱财

FBI 心理专家分析，喜欢炫耀身上钱财的人大多家庭富裕，经济能力比较强，因此处处炫耀，以显示自己的优越感。他们总是将钱花在一些奢侈品或是昂贵衣物上，并以此为生活乐趣。可是，如果衣着普通的人却非常爱炫耀，则表明此人心理上比较自卑。

上小学时，汪聪一直都是在农村老家就读的。上初中后，由于父母的工作调动，将他转到了市里的一所学校。在这所学校中，汪聪感到非常不适应。很多学生每天不是穿名牌，就是衣服品种特别多，而他的衣服却是在小商场买的，而且来来回回就那么几件。

久而久之，他就被很多同学排斥，这让汪聪感到很自卑。为了能够融入到新的环境中，汪聪渐渐变得喜欢炫耀身上的钱财。每次买东西时，即使只需要几元钱，他都故意拿出百元大钞，以炫耀自己的富有。

喜欢将钱整齐地叠放在钱包中

FBI 心理专家分析，喜欢将钱整齐地叠放在钱包中的人做事一丝不苟，不管做什么都有一定的计划性，从而办事效率比较高。在生活中，他们也懂得精打细算。不过，这类人稍微有些小气，但幸好他们懂得变通，为人处世不会太过于一板一眼。

喜欢在身上带很多现金

FBI 心理专家分析，喜欢在身上带很多现金的人为人慷慨、热情，并喜欢交朋友，特别重视友谊，因此会得到很多朋友的帮助。不过，由于这类人情感丰富，从而容易遭到他人的利用。

张威为人慷慨,特别爱交朋友。每次他与朋友吃饭的时候,总会在身上带很多现金,饭后也是他主张买单。有些贪小便宜的人知道张威这一个性,就主动接近他蹭吃蹭喝,还向其借钱不还。

在金钱方面实行 AA 制

FBI 心理专家分析,在金钱方面实行 AA 制的人大多是将自己和他人划分得很清楚,既不喜欢占他人便宜,也不想让自己欠对方的人情,更不想成为他人的"提款机"。

喜欢将钱折成小方块

FBI 心理专家分析,喜欢将钱折成小方块的人比较聪明,不管做什么事情都喜欢动脑筋思考,因此这类人常常从事设计等动脑的工作;喜欢学习新知识和新事物。比如,从事文案设计的晓梅总是喜欢将钱折成小方块,放在钱包中。

总是找诸多借口拖延付款

FBI 心理专家分析,总是找诸多借口拖延付款的人大多比较自私,贪财小气,而且会耍心机,以赚取不义之财。

杨朝已经做销售四五年了,经常会与不同的人打交道。近日,他接到一个客户的电话,声称要与其合作一笔 50 万的订单,并让他们先发货,自己再付款。可是,杨朝公司向来是先付定金,他们再发货的。

客户承诺道:"我们只有了解你们公司产品的性能才会大批采购。你放心!我们拿到货品后,你们公司必然会有源源不断的订单。"但有多年工作经验的杨朝却不动心,他不会因为客户的空口承诺而随意发货。后来,那位客户声称可以见面看看产品再付定金,并定了时间和地点。

于是,杨朝决定亲自会一会这个客户。当杨朝准时赴约时,发现客户订的是一个高档饭店，并且已经点好了昂贵的酒和菜。这更让杨朝感到可疑：他们出手如此阔绰，为何不先付定金呢？

饭局中，大家觥筹交错，杨朝故意装醉。而那几个人见杨朝酒醉，声称要去卫生间。杨朝立刻紧跟在后面，发现他们竟然向饭店大门走去，并且将公司的产品顺走了。杨朝立刻报了警。原来，这几个人根本就是在行骗，想要骗走杨朝的产品，再吃上一顿霸王餐。

第七章

FBI 教你洞悉衣着打扮的"微"心理

古语有云："相由心生，衣如其人。"意思就是说，人内心的善恶可以通过面相显现出来；人的真实性格可以通过服装表现出来。因此，FBI心理专家指出，通过他人的着装特点便可以看穿其内心世界。

第一节　领带：窥视男人的内在个性

一天晚上，FBI 接到一起谋杀案：一名当红的女星被人杀害了。于是，FBI 特工立刻开车赶到案发现场，发现女星是被类似于绳子的细长物品勒死的。经过法医鉴定，勒死女星的凶器是领带！

FBI 经过调查发现，女星的经纪人有重大嫌疑。在女星遇害的前两天，有人目击经纪人与其发生激烈的争执。另外，女星的其他助理也反映，女星最近非常不满意现在的经纪人，因为他狭隘的眼光已经让女星错失了好几个代言活动。

当 FBI 特工在那位经纪人的家中搜查时发现，他衣柜中的衣服几乎都是灰色的，而且领带也是清一色以黑色为主，几乎看不到什么亮丽的衣服或领带。

对此，FBI 特工分析，这表明该经纪人个性比较忧郁，这往往是由于自身的狭隘胸襟造成的。这一点与女星的其他助理所反映的情况不谋而合。另外，这类人常常会因为自身的情绪问题和性格缺陷而影响别人。

于是，FBI 对女星的经纪人进行严厉的审讯。最终，经纪人面对巨大的压力交代了犯罪事实：是他用领带杀害了女星。后来，FBI 在其另一个住所中找到了那条行凶时所使用的黑色领带。

领带，最早起源于罗马帝国时期。起初，它是士兵们佩戴在脖子上的饰物，后来渐渐发展成为男子服装的重要组成部分。现如今，在正式场合中，很多男士都会穿上西装，为了凸显自己的气质，同时还会搭配领带。研究表明，领带与人的性格有着密切的关系，通过领带的颜色搭配往往就能判断出一个人的性格与做事方式。案例中FBI特工正是通过嫌疑人的领带颜色而推理出他的个性心理，再加上严密的调查，从而将其缉拿归案的。

在日常生活中，我们总会看到很多男士在穿西装时搭配颜色各异的领带。比如，穿着白色衬衣搭配深蓝色领带的人往往有很强的事业心，但是做起事来有些急功近利；穿浅蓝色衬衣却搭配多色领带的人缺乏耐力和韧劲，在追求目标的过程中总是不停地更换目标；穿白色衬衣搭配黑色领带的人做事稳重，懂得追求自己想要的生活。

除此之外，还有哪些领带颜色搭配能够反映出一个人丰富的内心世界呢？在此，我们就跟随FBI心理专家一起研究下：

喜欢穿白色衬衣搭配红色领带

FBI心理专家分析，喜欢穿白色衬衣搭配红色领带的人大多做事比较积极主动，对他人非常热情。由于红色是最为亮眼的一种颜色，这表明佩戴这种颜色领带的人有很强的表现欲，希望成为万众瞩目的人物，而白色的衬衣则让其回归一种低调、平稳的心态。另外，这类人野心勃勃，会为了自己的目标相当努力和拼搏。

奥巴马在总统就职典礼上穿着黑色的西装、白色的衬衫，佩戴着相当显眼的红色领带。当时，西方诸多媒体解读这条领带的搭配反映了奥巴马的热情和非凡的野心。因为当时的美国正处于经济大萧条时期，民众期待新总统能够给他们带来希望，而奥巴马的红色领带正呼应了民众的诉求。

喜欢穿白色衬衣搭配黑色领带

黑白搭配是一种永远不会过时的组合，也是最为经典的搭配。FBI 心理专家分析，喜欢穿白色衬衣搭配黑色领带的人给人一种非常干练的感觉，为人处世也比较沉稳，善于总结经验教训。不过，也有很多人之所以选择这种搭配是为了掩藏自己真实的内心。

喜欢穿黄色衬衣搭配绿色领带

众所周知，黄色代表财富与权力，而绿色是大自然最有生机的颜色，代表着生命。FBI 心理专家分析，穿黄色衬衣搭配绿色领带的人不仅活力满满，而且对生活和事业都充满了信心。做事从来都不会拖拖拉拉，秉承"今日事今日毕"的理念。但这类人性格有些急躁，有时候会莽撞、冲动。另外，他们的自控能力也有些差。

而喜欢穿绿色衬衣搭配黄色领带的人，FBI 心理专家分析，这类人性情大多比较柔顺，平易近人，而且在他们身上会感受到艺术家的气质。

喜欢穿白色衬衣搭配深蓝色领带

FBI 心理专家分析，喜欢穿白色衬衣搭配深蓝色领带的人既有成熟稳重的一面，又有风度潇洒的一面，他们往往有很强的事业心，喜欢在名利场上周旋。不过，在追求、奋斗的过程中常常会显得有些急功近利。而在爱情方面，这类人有些见异思迁，不能善始善终，缺乏责任感。

除了领带的颜色搭配能够反映一个人的内在个性外，通过领带样式的选择同样能够窥视男人的性格特征。FBI 心理专家分析，喜欢大而宽松领带的人向往无拘无束的生活，擅长与人交际；喜欢又小又紧领带的人是在向他人暗示自己并不好惹，而且这类人气量比较小，不能容忍别人对自己的怠慢，同时热衷物质享受；喜欢不大不小领带的人往往精神抖擞，比较在意自己的言谈举止，因此这类人在社交场合中总会显得彬彬有礼、风度翩翩。

第二节　化妆：女人无法隐藏的真情实感

近日，FBI 接手了一起国际谋杀案，涉案嫌疑人是国际上赫赫有名的富商。可是，就目前 FBI 掌握的证据而言，还无法将其缉拿归案，还需要搜集更多的证据，才能对其进行抓捕。由于富商的身份显赫，不能打草惊蛇。对此，FBI 派出擅长乔装打扮的特工丽莎接近富商，以获取证据。

特工丽莎总会根据不同的场合而化不同的妆容：在盛大的宴会中，她会以浓妆示人，但又不显得庸俗，总是让人感到风情万种，想要与其亲近；在执行任务时，她则以英姿飒爽的妆容出现，显现出一种干练和利落。

接到任务后，丽莎特意在富商出现的宴会上化了性感和狂野的妆容：头发高高盘起，却留两缕卷曲的长发自然地飘落在白皙的脖颈上，并不浓郁的烟熏妆让她看起来尤其性感，而举手投足间更是显得高贵和神秘。

果不其然，丽莎成功地引起了富商的注意。富商邀请丽莎跳了一支又一支舞蹈。当富商的随从找他商议事情时，富商还一直牵着丽莎的手不放。为了让丽莎陪伴在自己身边而又不让她听到他们所谈论的事情，富商提高警惕，故意用德语与丽莎交谈，以试探她是否听得懂。

聪明的丽莎知道富商的用意，故意装听不懂。于是，富商非常放心地牵着丽莎的手，将其带到他和随从谈论事情的秘密地方。当他们谈论谋杀案善后的工作时，丽莎装作什么也听不懂的样子，淡定地拿起了化妆盒，为自己上妆。其实，丽莎的化妆盒中藏有微型录像机，她正调整位置，将富商与其同伙以及他们的谈话内容全部录下来。

最终，FBI 根据丽莎提供的录像内容，逮捕了富商以及其同伙。

案例中 FBI 特工丽莎通过不同的妆容来执行任务，以抓捕狡猾的犯罪分子。而在现实生活中，不同的妆容可以反映出一个人无法隐藏的真情实感和性格特征。尤其是女性，有的人喜欢浓烈的妆容，有的人喜欢素雅的淡妆。可以说，不同的妆容反映了她们不同的心理，在此，我们就跟随 FBI 心理专家一起研究下：

喜欢浓妆艳抹

FBI 心理专家分析，喜欢浓妆艳抹的女性有很强的表现欲，总是希望借此吸引更多的异性，让自己成为众人关注的焦点；思想比较前卫，经常做出一些大胆的行为。不过，这类人为人比较真诚和坦率，即使她们有时候会遭到各种恶意的攻击，但仍然尊重他人。

上大三的李清非常喜欢浓妆艳抹，每周末她都会化着很浓的烟熏妆，与几个异性同学去酒吧喝酒。可是，与她同宿舍的人却对她的行为并不反感，反而很喜欢与其交往。因为她们都知道李清为人很真诚，是值得交往的朋友。

喜欢化怪异妆容

FBI 心理专家分析，喜欢化怪异妆容的女性往往是希望借这种妆容来掩盖自己失落的情绪或是错综复杂的内心。这类人的内心经常处于一种挣扎的状态，做事情总是以失败告终。因此，在她们的心头常常笼罩着挥之不去的阴霾。比如，最近事事不顺心的祝杉就喜欢化怪异的妆容示人，以掩饰自己失落的情绪。

喜欢素面朝天

FBI 心理专家分析，喜欢素面朝天的女性追求的是一种自然美，很有自信。对于她们来说，最看重的是实质性的内容，而不是局限于表面上的肤浅认识。比如，不喜欢化妆而总是以素面示人的孙黎在选择男友时，从来不会因为对方的阳光帅气而投怀送抱，而是通过为人处世来观察他的内在个性。她认为，再好看的皮囊都比不上真实可靠的性格。

喜欢化异国色彩妆

FBI心理专家分析，喜欢化异国色彩妆的女性通常具有丰富的想象力，总是希望自己能够成为一名艺术家。这类人追求无拘无束的生活，向往自由。因此，她们常常有一些独特的想法，让周围的人吃惊不已。比如，晓乐喜欢在宿舍里化异国色彩妆，并对舍友称，自己有一天终将成为走向国际的艺术家，届时她会邀请自己喜欢的明星与自己一起走红地毯。

喜欢化淡妆

FBI心理专家分析，喜欢化淡妆的女性性格比外内向，心地善良、乐于助人；非常独立，不喜欢依赖他人，即使遇到棘手的问题，她们也会从容地面对和解决问题；聪明、善于思考，做事干练、沉稳。不管是在生活中还是在工作中，这类人都会将事情处理得井井有条，而且有很强的适应能力，能顺利适应各种新环境。

周薇是市场部的主管，每天她化着精致的淡妆来上班。虽说市场部的工作每天都瞬息万变，但周薇却将其处理得非常好。她不仅为公司赢得更多的新客户，还将老客户维护得也很好。

可最近公司内部结构需要调整，领导决定将周薇的市场部与运营部合二为一，并让周薇领导这两个部门。对此，很多员工都怨声载道。可周薇却没有抱怨什么，首先她快速熟悉运营部的工作内容，然后分别安抚运营部与市场部员工的心情。在她的协调下，两个部门很快融合成了一个新的部门，更好地协作完成工作任务。

第三节 手表：不同的种类折射不同的心理

凌晨，FBI 接到报案：一名退休教授在家中遇害。FBI 特工立刻驱车赶往现场。通过对现场的勘查，FBI 将嫌疑人锁定为教授的一个学生。

根据线索反映，这名学生在教授遇害前曾经来过其家中，而且他还曾当面怒吼教授："我的事不用你管！再管我的事情别怪我不客气！"因此，FBI 特工开始深入调查这名嫌疑人。

当两位 FBI 特工对嫌疑人进行审讯时，发现他的右手手腕上戴着一只电子表。对此，特工分析嫌疑人的性格喜欢自由，不愿意被约束；善于隐藏自己的情绪和内心世界。

果不其然，在审讯的过程中，嫌疑人面无表情地回答着特工的问题，从他的神色中看不出半点儿的紧张和惶恐。可是，特工还收集到一条重要的线索：遇害的教授其实还是嫌疑人的养父。因此，特工们改变了审讯方式，开始对其动之以情晓之以理。渐渐地，嫌疑人的心理防线开始崩塌。

最终，嫌疑人交代了犯罪事实：由于养父对自己的管束过于严苛，让不喜欢被约束的他越来越讨厌养父。在一次争执的过程中，他失手将养父杀害。

研究表明，手表不仅可以彰显一个人的品味和身份，而且还能够根据手表的种类来看出佩戴者的真实性格和内在心理。案例中 FBI 正是发现嫌疑人戴着电子表而发觉其内在情绪和个性心理，从而改变审讯策略，最终让其对犯罪事实供认不讳。

FBI心理专家表示，一个人对手表的喜好往往可以折射出此人的性格和内心世界，即什么样的性格就会选择佩戴什么样的手表。比如，张扬、爱炫耀的个性喜欢佩戴表盘或表链镶钻的手表，以让自己看起来更加"土豪"；爱运动且热爱生活的个性喜欢佩戴时尚的运动手表，以彰显自己的运动范儿，有强烈的自尊心；还有些自卑感的性格喜欢佩戴价高而又稀缺的手表，从而凸显自己不落俗套，而又非常"有面儿"。

可见，从佩戴不同种类的手表可以清楚地透视一个人的内心世界。在此，我们就与FBI心理专家一起探索一下不同的手表种类所代表的不同性格：

喜欢佩戴怀表

FBI心理专家分析，喜欢佩戴怀表的人适应能力比较强，不管遇到什么困难，都能够很快地调整自己的心态来面对，善于掌控自己的情绪；有耐心，并有一定的文化修养，喜欢追求浪漫的生活，会制造意外惊喜，注重感情；能够合理地安排时间，懂得劳逸结合。另外，这类人比较怀旧，喜欢收集那些能够引起自己回忆的物品。

朋友给晓敏介绍了一个男友，可晓敏却对他不感兴趣。最大的原因就是：在这个追赶潮流的社会中，人人都喜欢佩戴新潮的手表，而他却戴着怀表看时间。可朋友劝说道："相信我的眼光，你再相处一段时间就会发现他是一个相当难得的人。"

果然，相处一个多月后，晓敏开心地对朋友说："你太够意思了，介绍给我这么好的'珍品'。与他在一起总会收到很多意外惊喜，而且他对什么事都很有耐心。"

喜欢佩戴高级定制手表

FBI 心理专家分析，喜欢佩戴高级定制手表的人非常在意自己的外在形象，内心有些虚荣，总希望得到他人的肯定和赞赏。不过，这类人有很强的应变能力，在人际关系方面处理得不错。比如，谢军的经济实力并不是很雄厚，但他却喜欢佩戴高级定制手表，以吸引他人的注意，并希望得到他人艳羡的目光。

喜欢佩戴闹钟型手表

FBI 心理专家分析，喜欢佩戴闹钟型手表的人总是将事情安排得满满的，对自己要求非常严格。对于他们来说，想要放松真的很难。一般来说，这类人总喜欢按照一系列计划来做事。同时，他们还有很强的责任心，会刻意培养自己这方面的能力。另外，他们还具有组织和领导的才能。

比如，杜亮是某公司的经理，他非常喜欢佩戴闹钟型手表。在他的日历上总是排满了大大小小的事情，等待着他去处理。

喜欢佩戴显示不同时区的手表

FBI 心理专家分析，喜欢佩戴显示不同时区的手表的人虽然很聪慧、有计划，但却给人一种不现实的感觉。这类人比较爱幻想，做事情总是三心二意。另外，他们还有一点逃避现实的倾向。

小迪尤其喜欢佩戴能够显示不同时区的手表，以幻想自己可以去不同的国家。他总是在工作的时候想象着自己在国外旅游的场景：徜徉在巴黎的街头或是漫步在泰晤士河边……

喜欢佩戴发条手表

FBI 心理专家分析，喜欢佩戴发条手表的人较为独立，而且事必躬亲。他们喜欢看到自己的工作成果，看重所获得的成就感。在此过程中，这类人喜欢充满挑战，那样他们才觉得更有意义。另外，这类人不喜欢受到他人过多的关心。

喜欢佩戴电子手表

FBI 心理专家分析，喜欢佩戴电子手表的人有比较强的独立意识，不愿意被约束，追求自由自在的生活，喜欢做自己喜欢的事情。不过，这类人擅长隐藏自己的真情实感和内心世界。因此，很多人都难以了解他们。比如，案例中的嫌疑人。

喜欢佩戴液晶手表

FBI 心理专家分析，喜欢佩戴液晶手表的人思维简单，但有责任心，对任何事情都非常认真、负责。在日常生活中，这类人一向节俭，他们秉承"钱要花在刀刃上"的生活理念。

黄晶一向喜欢佩戴液晶手表，由于她从小在奶奶身边生活，因此，她深受奶奶节俭习惯的影响，知道哪些钱该花，哪些钱不该花。当别人都在争相购买名牌服饰时，她却依然选择那些简单而大方的便宜货。可是，当她到偏远的大山里支教时，看到那些贫困的孩子，她毅然决然地拿出了一半的积蓄，给孩子购买衣物、学习用品等。

第四节　帽子：无法遮挡真实的内心

审讯室中，两位 FBI 特工正审问一起谋杀案的嫌疑人。可是，嫌疑人却矢口否认自己杀了人。此时，一名 FBI 特工注意到嫌疑人戴着一顶旅游帽。在回答问题时，他总是将帽檐压得很低。

对此，FBI 特工分析，嫌疑人所戴的旅游帽既不能御寒，也无法遮挡阳光，如果想要起到装饰的作用，又与他的气质非常不搭。FBI 特工推测，戴着这顶帽子表明他必然是在隐藏某种真相。同时，也表明此人非常不诚实，总是以假面目示人。

于是，FBI 特工们开始对嫌疑人进行深入的调查。经调查发现，嫌疑人的朋友少之又少，与其交往的人都反映，他总喜欢隐藏自己的真情实感，不了解他究竟在想什么。另外，FBI 特工在调查中还发现，嫌疑人与受害者结怨已久。

最终，在 FBI 的强大审讯攻势下，嫌疑人只好对自己的犯罪事实供认不讳。

FBI 心理专家研究发现，帽子与人的性格有密切的关系。通过观察他人所戴的帽子，就能推断出对方的真实个性和内心世界。不过，如果想要全面地了解一个人的性格特征，还需要结合其他方面的信息。案例中的 FBI 特工正是通过嫌疑人所戴的帽子，推断出他的性格特征，再加上后期的深入调查，从而将其缉拿归案。

如今，帽子的种类和样式越来越多，它不仅能起到遮阳御寒的作用，还可以当作装饰品。因此，通过选择什么类型的帽子，就可以洞察一个人的真实内心。在此，我们就来总结一下不同的帽子所代表的不同个性和心思：

喜欢戴鸭舌帽

一般来说，上了点年纪的人经常会选择戴鸭舌帽。FBI 心理专家分析，喜欢戴鸭舌帽的人处事稳重，遇到问题时会从大局考虑，不会因为一些细枝末节而影响大局；热爱生活，有责任、有担当。另外，这类人通常懂得自我保护，不希望他人轻易地了解自己。在与人交往时，他们从不直接说出自己的真实想法。

小莫的公司调来一位技术总监，他平日里总喜欢戴着鸭舌帽上下班。虽然他已经在公司干了大半年了，可是，很多同事并不了解他。即使与他平级的领导，也很难走入他的内心世界。

喜欢戴礼帽

FBI 心理专家表示，喜欢戴礼帽的人往往自命不凡，很喜欢在外人面前装成熟、稳重。这类人总是看不惯很多东西，认为自己是做大事的人，进入任何一个行业，都可以做领导。可是，他们的性格过于保守，缺乏冒险精神，因此并不会取得太大的成就。

喜欢戴礼帽的谭波总认为自己是做大事情的人，因此在毕业后他去一些公司面试时，不屑于做基层员工，总想自己能够一进入公司就坐主管的位置。最终，毕业两三年了，他仍然高不成低不就地四处晃荡着。

喜欢戴彩色帽子

FBI 心理专家分析，喜欢戴彩色帽子的人精力旺盛，很懂得享受生活，对色彩比较敏感，很喜欢当下比较流行的东西，并愿意尝试新事物。不过，这类人往往不甘寂寞，他们经常会邀请一些朋友到灯红酒绿的地方尽情玩乐。

喜欢戴毡帽

FBI 心理专家分析，喜欢戴毡帽的人往往踏实肯干，是典型的老好人，不愿得罪任何一个人；他们对很多事物都比较感兴趣，虽然看似没有主见，但却很有想法，只是不喜欢表达自己的真实想法。另外，这类人非常讨厌那些不劳而获的人，他们喜欢靠自己的努力获得劳动成果。

在一场面试中，很多应聘者都争相说着自己的优点：一旦进入公司，必然会踏实、肯干。可面试官听后，只是不置可否地摇了摇头。当面试官抬头望向下一组应聘者时，发现有一个人戴着毡帽，正在那里安静地等候着。

结果，面试官果断地录取了那个戴毡帽的应聘者。其他面试官不解地问："为什么不听他的自我推荐就录取呢？"那名面试官微笑着说："他所戴的帽子说明了一切，这个人必然会为我们公司创收的。"果不其然，那个戴毡帽的应聘者在进入公司三个月后，就因为踏实能干而赢得了新老客户以及领导的一致好评。

另外，除了通过帽子的种类可以看穿他人的真实内心外，帽子的戴法也能体现出一个人的性格特点：

喜欢将帽子戴得很正

FBI 心理专家分析，喜欢将帽子戴得很正的人主要有两种表现：一种是循规蹈矩，墨守成规，做事踏实，任劳任怨，没有心机。但由于这类人不懂得变通，没有创新意识而显得有些迂腐。另一种则是心机比较重，人感到难以捉摸，平时不苟言笑，看起来总是神秘莫测的样子，但这类人往往容易取得成功。

喜欢将帽子歪着戴

FBI心理专家分析，喜欢将帽子歪着戴的人追求无拘无束的生活，向往自由。通常来说，这类人往往给人一种叛逆、轻浮的感觉。但是他们之中不乏比较有才华的人，为人也比较幽默，因此人们与其交流时会感到很轻松。

最近，好朋友给潇潇介绍了一个男友。起初，潇潇并没有看上他，因为几次见面，潇潇发现他总喜欢将帽子歪着戴，这让潇潇感觉他这个人很轻浮。可在相处一段时间后，潇潇渐渐喜欢上这个男生的风趣、幽默，感觉与其在一起非常愉快。

喜欢戴各种款式的帽子

FBI心理专家分析，喜欢戴各种款式帽子的人对当下流行的事物非常敏锐，知道在什么场合该穿戴什么衣帽，也非常懂得搭配；思维敏捷，有很强的应变能力。不过，这类人看上去很坚强，但非常害怕孤独、寂寞，因此，他们常常流连于某些娱乐场所，以此寻找交流的对象。

家境殷实的媛媛很懂得搭配衣服，总是关注时下最为流行的东西。在她的衣橱中不仅有风格迥异的服装，还有各种各样的帽子。因此，大家每次看到她，都会发现她戴了不同款式的帽子。在大家的印象中，媛媛是个聪明伶俐的女孩，擅长交际，也非常懂得享受人生，经常找朋友聚餐、泡吧、K歌。

第五节 鞋子可以透露他人的真实信息

近日，FBI受理了一起枪击案，死者是一家公司的高管。FBI特工经过对现场的勘查发现，高管的一名下属与此案有很大的关系。

当FBI对这名嫌疑人进行询问时发现，虽然这名下属对上司的不幸遭遇表示了同情，但在FBI特工看来，他却像是伪装出来的。另外，FBI特工敏锐地发现，嫌疑人脚上穿着时下最为流行的鞋子，这与嫌疑人的收入不相匹配，也与他的气质不相符。

因此，FBI分析嫌疑人是一个爱慕虚荣且有些不切实际的人。同时，他的性格也比较冲动，做事不靠谱。

后来，经过FBI深入调查发现，这名嫌疑人曾与上司发生过多次冲突，因为他做事有些不靠谱，让上司对其非常不满，正准备上报公司辞退他。另外，FBI还掌握了关于这名下属的其他犯罪证据。

铁证如山，这名下属最终对犯罪事实供认不讳：他听说上司要辞退他，因此怀恨在心，便上门去找上司理论。可是，在争执的过程中，他由于一时冲动而失手杀了上司。

FBI心理专家说过："鞋子和穿鞋的习惯都可以表现出一个人的性格，其意义不仅仅涉及鞋子本身，还涉及选择鞋子的行为。"可见，鞋子不仅起到保护脚的作用，还能够透露出一个人的真实个性。案例中，FBI特工正是因为敏锐地观察到嫌疑人脚上穿的鞋子，由此剖析出他的性格特征，进而对其展开深入调查，从而将元凶缉拿归案。

美国堪萨斯大学的心理学家曾做过这样一个实验：他们邀请一些大学生作为受试，让他们观察一些鞋子后，猜测鞋子主人的年龄、性别以及性格特征等。实验结果证明，很多受试都能够准确地猜测出鞋子主人的性格。

对此，FBI 心理专家表示，通过不同鞋子的外观、款式等就能读取鞋子主人的某些内在心理信息。因为鞋子是人们潜意识的表现，人们会在不经意间选择自己喜欢的鞋子，而通过这些鞋子就可以看出一个人的真实性格。在此，我们先来看看什么样的鞋子能够透露男性的内心世界？

喜欢穿拖鞋

FBI 心理专家分析，喜欢穿拖鞋的男性性格比较外向，比较随意，因此他们总是追求自己想要的生活，而不会太在意他人的眼光和评价，热衷享受当下的生活。另外，这类人有着超前的意识，总有很多新奇独特的想法。为人处世也非常灵活，因此，在人际交往方面有不错的表现。

常悦是一位兼职美术老师，不管是在家里还是给学生上课，他都喜欢穿着拖鞋。因此，有的同学跟他开玩笑说："老师，你这帅气的容貌为什么不搭配一双有艺术气质的鞋子呢？"他则微笑着回答道："我比较随意，怎么舒服我就怎么穿。"

喜欢穿运动鞋

FBI 心理专家分析，喜欢穿运动鞋的男性性格开朗、乐观，总是给人一种非常阳光的感觉，有很强的亲和力，对人也比较亲切。不过，这类人的生活往往比较洒脱，生活规律不是很正常。另外，他们还喜欢制造浪漫氛围，在某些事情上很有自己的想法。

樊炜平时比较喜欢穿运动鞋，他的最大爱好就是打篮球，他在篮球场上打球时，很多女生都会被他阳光、帅气的样子所吸引。

喜欢穿正统皮鞋

FBI 心理专家分析，喜欢穿正统皮鞋的男性往往有很强的大男子主义倾向，而且比较看重母亲的意见。

小柯一向喜欢穿正统的皮鞋，每次出门前都会将鞋子擦得光亮如新。如今，他正准备与相恋三年的女友结婚。可是，在准备婚礼的过程中，他却一味地接受母亲的意见，从不关心女友的想法，这让女友很生气。

喜欢穿同一款式的鞋子

FBI 心理专家分析，喜欢穿同一款式鞋子的男性比较念旧，对于自己习惯的事物有一种很深的依恋，对待身边的人也会采取包容的态度；重感情，对朋友非常讲义气，是一个值得大家信赖的人。另外，他们能够很好地控制自己的情绪，不会因为一些琐事而导致情绪大起大落。不过，这类人比较执着，一旦决定做某件事情，就会努力做到最好。

最近，陈铭的宿舍中转来一个外班的男生。起初，大家都有些排外的意识，不想与其亲近。可是，相处一段时间后，陈铭发现那个男生喜欢穿同一款式的鞋子。因此，陈铭渐渐对其产生好感，并很快与他成为好友。

有舍友开玩笑地说："你真是个'叛徒'，咱们可是'革命友情'，你怎么和一个外班的同学这么好？"陈铭笑笑说："咱们都是同一战壕中的兄弟。这个男生性格不错，你瞧他总是穿着同一款式的鞋子，这表明他很重感情、讲义气且是一个值得信赖的人。最近与他相处一段时间后我发现，他确实是这样的人。"

后来，陈铭宿舍中的几个人都与那个男生相处得非常融洽。毕业几年后，他们依然有来往。

与男性不同，很多女性选择鞋子往往比较注重外观与衣服的搭配。不过，从鞋子的选择上也可以看出女主人的真实个性：

喜欢穿休闲鞋或运动鞋

FBI心理专家分析，喜欢穿休闲鞋或运动鞋的女性个性活泼开朗，而且很容易相处。可是，她们的警觉性非常高，担心自己会被消极的事物所影响。因此，她们具有很强的自我保护意识。

喜欢穿高跟鞋

FBI心理专家分析，喜欢穿高跟鞋的人有很强的表现欲，即使穿高跟鞋有时候会比较不舒服，但她们为了引起他人的注意，心甘情愿忍受那份折磨。不过，这类人往往比较聪明、自信且有魅力，在生活和工作中都非常认真，做事干脆利落，执行力很强。比如，一些公司的女高管等。

喜欢穿流行且前卫的鞋子

FBI心理专家分析，喜欢穿流行且前卫的鞋子的女性虽然看起来有很强的表现欲，但内心却比较传统和保守，只是想要借助于浮华的外表来掩饰自己的真实内心。因此，与这类人接触时，人们往往会只看到她们的外在，却走不进她们的内心世界。

宋璐很喜欢穿当下流行、前卫的鞋子，因此，她的很多女同事都被她的紧跟潮流所吸引，并想与其交朋友。可是，那些同事与宋璐相处一段时间后发现，她的内心似乎紧闭着，不愿向他人打开。

第六节　服装搭配"出卖"性格和品味

凌晨，FBI 接到一起凶杀案：一名年轻的女性在家中被人杀害。于是，FBI 特工立刻驱车赶往案发现场，经过对现场的勘查发现，受害者的男友与此案关系密切，有重大的嫌疑。

FBI 经过深入调查发现，死者在遇害前曾与男友发生过争执，而且其男友还有朝秦暮楚的劣迹：在与死者交往的同时，还和其他女性关系暧昧。因此，FBI 特工初步推断，受害者可能与嫌疑人因为感情问题而发生争执，从而激怒嫌疑人，将其杀害。

当 FBI 特工按照惯例对嫌疑人进行询问时发现，嫌疑人穿着比较流行的时装，可是，这身行头与他的气质看上去并不搭配。因此，FBI 特工分析，此人的性格毫无主见，没有明确的审美观，只是跟着当下流行趋势，流行什么就穿什么；这种人的情绪波动比较大。另外，他的两性关系朝秦暮楚，不守本分。这与他们调查掌握的情况不谋而合。

经过 FBI 的审讯，嫌疑人最终交代了自己的犯罪事实：由于女友发现他与其他女人有暧昧关系，因此他们发生了激烈的争吵，而情绪不稳定的他随手拿起了桌上的水果刀，将女友杀死。可能嫌疑人怎么也没想到，自己的穿着竟然"交代"了自己的罪行。

古语有云："相由心生，衣如其人。"意思就是说，人内心的善恶可以通过面相显现出来；人的真实性格可以通过服装表现出来。因此，FBI心理专家指出，通过他人的着装特点便可以看穿其内心世界。案例中，FBI特工正是通过嫌疑人的着装剖析出其真实个性，进而对他严加审讯，查明了真凶。

在人际交往中，外貌通常是人们首先关注的特征，而衣着则是一个人外貌的重要组成成分。一般来说，如果我们在第一次见面时给他人留下好印象，那么，别人就会愿意与我们亲近。反之，第一印象不好，对方则不愿与我们继续交往下去。比如，在求职面试时，穿衣打扮尤其重要。因为面试官会将发型、服装等作为录取的重要参考因素。

英国著名女演员费雯·丽为了争取《乱世佳人》中郝思嘉的角色，让自己能够引起导演的注意，她在着装上费尽了心思。当时，剧组正在拍摄亚特兰大一场大火的场景。而此时的费雯·丽穿着黑色的紧身衫，戴着宽边黑帽半遮住脸庞，在火光的照射下显得越发魅力四射、性感十足。服装的搭配更凸显出她姣好的身材和妩媚的气质。导演立刻被她吸引住了，不禁感慨道："这就是我心目中的郝思嘉！"

在日常生活中，不同性格的人在着装上大为不同。比如，成熟稳重的人大多会选择精致的服饰，以彰显自己冷静和睿智的个性；阳光活泼的少年则会选择个性的服装，以表现自己的独特一面；正值花季的少女则会选择颜色靓丽的服饰，以彰显她们热情奔放的内心。

那么，还有哪些服饰会"出卖"一个人的性格和内心世界呢？在此，我们就跟着 FBI 心理专家一起了解其中的规律：

喜欢穿宽松自然的衣服

FBI 心理专家分析，喜欢穿宽松舒适衣服的人性格比较内向、孤僻，往往以自我为中心，喜欢独来独往，不愿与人相处。因此，他们身边的朋友总是少之又少。不过，这类人比较聪明，有独到的想法和见解。

喜欢穿宽松衣服的汪奇性格非常孤僻，每天上下班他都是独来独往。虽然有些同事想与其亲近、交往，可最终都是"无功而返"。但是，汪奇却得到了领导的赏识，在文案设计上，他总是有自己独树一帜的见解。因此，他所设计的文案一直深受客户的赞赏。

喜欢穿深色衣服

FBI 心理专家分析，喜欢穿深色衣服的人个性比较沉稳，虽然平时有些沉默寡言，不怎么爱说话，给人一种很冷酷的感觉，其实他们是非常有想法的，因而会备受他人尊重。另外，这类人遇事较为冷静，深谋远虑，做人做事也比较低调，不喜欢别人对自己有很深的了解，因此会让人感到捉摸不透。比如，一些城府颇深的领导。

喜欢穿淡颜色衣服

FBI 心理专家分析，喜欢穿淡颜色衣服的人性格乐观、开朗，总是对生活充满希望；擅长交际，与朋友相处得非常融洽。比如，喜欢穿淡颜色衣服的乔丽在生活中一直保持乐观的态度，虽然在一次事故中失去了双腿，但她仍然乐观地认为，幸好自己还活着，还能够看到每天的日出日落。

喜欢穿朴素大方的衣服

FBI 心理专家分析，喜欢穿朴素大方衣服的人待人真诚，为人处世比较成熟稳重；在工作上非常认真，有很强的责任心，踏实能干且不爱张扬；遇事能够冷静从容地解决。不过，这类人没有创新能力，有时候过于软弱，容易屈服于他人。

喜欢穿同一款式的衣服

FBI 心理专家分析，喜欢穿同一款式衣服的人为人直率，做事冷静、果断，非常有自信，爱憎分明。不过，这类人有些自以为是，比较清高、傲慢。比如，喜欢同一款式衣服的方彪在程序设计方面很厉害，因此，当其他同事向他提出一些疑问时，他总是表现得不屑一顾。

喜欢穿五颜六色的衣服

FBI 心理专家分析，喜欢穿五颜六色衣服的人有很强的虚荣心和表现欲，总是希望自己能够引起他人的注意；比较任性，有些独断专行；喜欢自作聪明，常常会将事情弄得一团糟。另外，这类人还喜欢挖苦别人，说他人短处。因此，很多人都不愿与其交往。

根据自己的喜好选择服装

FBI 心理专家分析，根据自己的喜好选择服装的人很有个性，不会随波逐流，很有想法，会不断为自己寻找生活乐趣；比较独立、果断，有很强的决策力；内心坚强，喜欢接受挑战。另外，这类人有着坚强的毅力，一旦决定做某件事情，就会全力以赴，不达目的绝不罢休。

莎莎是一名声乐专业的学生，平日里她总喜欢根据自己的喜好选择衣服，而不是像其他同学那样选择当下较为流行的服装。不仅在衣服方面，她在就业选择上也是如此。

当其他同学在毕业前夕都纷纷出去找实习工作时，她却继续考研。考研成功后，她与几个兴趣相同的朋友开办了音乐辅导班。虽然刚开始学生比较少，但莎莎却一直坚持并想尽各种办法，让辅导更具特色。最终，她开办的辅导班在当地变得相当有名，很多家长都带着孩子，慕名前去报班。

第七节　眼镜：折射出主人的内心世界

审讯室中，FBI 特工正在审问一个戴着墨镜的嫌疑犯。但是那名嫌疑犯却不承认自己犯罪，声称自己有不在场的证明。于是，特工们一边对其审讯，一边核实他所说的不在场证明。

在审讯的过程中，一位 FBI 特工对嫌疑人所佩戴的墨镜进行了分析：疑犯并不是盲人，他无需在室内还戴着墨镜，他之所以这样做是不想让人看到他的眼睛，以此掩藏自己的内心想法。

另外，在回答特工的问题时，那名嫌疑人总是下意识地用手指从鼻梁处向上推眼镜。这表明嫌疑人内心很紧张，通过这一动作来掩饰自己的慌乱。

通过一系列分析，让 FBI 特工推断嫌疑人与谋杀案必然脱不了干系。在后续的调查中发现，嫌疑人所说的不在场证明也是假的。另外，在犯罪现场还发现了嫌疑人的指纹。经过 FBI 的长时间审讯，嫌疑人最终交代了自己的犯罪事实。

眼镜的种类有很多，每个人都会根据自己的需求和喜好来选择。而 FBI 心理专家指出，选择不同的眼镜与人的性格特征有非常密切的关系，通过它能够破解一个人的心理密码。案例中 FBI 特工正是通过嫌疑人所戴的墨镜，分析出他的真实个性和心理状态，再加上后期的深入调查，从而将其缉拿归案。

眼镜，除了帮助人们矫正近视或保护眼睛外，还有很多用处。比如，墨镜可用来遮挡阳光照射；彩色塑料眼镜可以用来修饰；无镜片的眼镜则用来修饰脸型，提升气质。

可以说，不同类型的眼镜有不同的功效，而通过不同的眼镜也能够看出一个人的心理状态。在此，我们就与 FBI 心理专家一起探究下：

喜欢戴金丝边眼镜

FBI 心理专家分析，喜欢戴金丝边眼镜的人往往比较注重自己的外在形象，尤其在聚会场合中，他们总喜欢穿着光鲜亮丽的衣服，言谈举止还会暗示他人自己不一样的身份。另外，这类人总希望自己能给他人一种斯文的感觉，显示自己的学者风范。

喜欢戴标准型或非标准型眼镜

FBI 心理专家分析，喜欢戴标准型眼镜的人做事比较被动，对生活和工作都没有过分的奢望，总是被动服从地做事。而喜欢戴非标准型眼镜的人，即一些圆形或是方形，抑或是多边形的眼镜，这类人往往性格倔强、自信，工作能力比较强。

喜欢戴标准型眼镜的卓文在公司已经干了五六年了，可如今他仍旧是一个默默无闻的基层员工。年终，正值公司人员重组，很多同事都鼓励卓文竞争一下领导岗位，可卓文却说："我还是喜欢做基层员工，对领导岗位没有那么大的奢求。"

而比他还晚进公司的小郑却已是部门的主管，平日里爱戴方形眼镜的小郑总是相当自信，做事也比较认真。在公司人员重组时，他凭借着较强的工作能力再升一级。

喜欢戴黑胶框眼镜

FBI 心理专家分析,喜欢戴黑胶框眼镜的人有些自恃清高,自以为自己有能力,可以做大事,但是由于他们缺乏冒险精神,因此无法取得太大的成就;虽然他们对待朋友彬彬有礼,可这种友谊却交情甚浅。

另外,这类人总是希望自己在他人面前看起来非常成熟稳重,因而会将自己传统的一面表现出来。比如,听古典音乐,吃饭比较讲究等。

喜欢戴彩色塑料眼镜

FBI 心理专家分析,喜欢戴彩色塑料眼镜的人大多追求多姿多彩的生活,懂得享受人生,而且喜欢走在潮流的前面。比如,喜欢戴彩色塑料眼镜的多多总是将自己的生活过得多姿多彩:周末或是小长假不是去海边度假,就是去国外感受异域风情。

喜欢戴无边眼镜

FBI 心理专家分析,喜欢戴无边眼镜的人往往看起来很文雅,面对一些问题时会顾全大局。可是,这类人与人沟通、交流时喜欢兜圈子,害怕受到伤害,因此,他们总是千方百计不让他人走进自己的内心世界。

除了选择不同类型的眼镜能够揭示一个人的内心秘密外,通过推扶或是将眼镜折叠等习惯动作,也能够洞察一个人的心理状态和个性。

习惯用手扶着眼镜框向上推

FBI 心理专家分析,习惯用手扶着眼镜框向上推的人比较有想法,在做事情之前,他们会先了解事情的来龙去脉,再做详细的计划,随后按计划采取行动。不过,也有一小部分人缺乏耐心。

比如,沈峻在工作上做事相当认真,总是制定好计划再行事,因此经常受到领导的表扬。当受到表扬时,沈峻就会不好意思地用手扶着眼镜框向上推一下。

习惯用手从鼻梁处往上推眼镜

FBI 心理专家分析，习惯用手从鼻梁处往上推眼镜的人性格比较内敛，与人交往时有些"慢热"，他人只有主动与其交流，才会渐渐打开他们的心扉。如果偶尔做出这一动作，则表明此人内心非常紧张，通过用手从鼻梁处往上推眼镜来掩饰自己的紧张情绪。比如，案例中的嫌疑人在紧张时就做出了这个动作。

习惯用手扶眼镜框

FBI 心理专家分析，习惯用手扶眼镜框的人往往比较自信，能够全面地看待问题。因此，这类人往往是某个领域的行家。比如，一些专业的演讲者就习惯做出这个动作。不过，如果是偶然做出这个动作，则表明此人非常自信。比如，在一场辩论赛中，杨颖用手扶了一下眼镜框，将己方的论点论据有条有理地一一讲出来。她刚一讲完，就博得台下听众一阵热烈的掌声。

将眼镜折起来丢在一边

FBI 心理专家分析，当有人做出这个动作时，表明此人内心有些不悦，而且会提出否定的意见。因此，聆听者就要做好心理准备了。

已经到了截稿的最后一天了，张惠却还没有动笔写稿，心急如焚的她草草地写了一篇稿子，交给主编。果不其然，主编看完稿子后，将眼镜摘了下来，折叠起来，扔在桌子一边说道："你这是在应付我，还是在应付自己？这种稿子让我如何放在网站上？"

张惠自知有错，连忙低头认错："主编，是我的问题，我现在立刻回去好好改。"

第八章

FBI 教你看懂男女微动作传递的信号

心理学家经过研究发现，在人与人交往的过程中，有75%的信息是通过非语言动作表达和传递的。对于很多有亲密关系的恋人来说，他们常常通过他人无法读懂的腿脚等肢体语言来传递感情。

第一节　男女好感度：眼睛传递的真实信息

周末，FBI 特工汉克与朋友参加一个酒会。在酒会中，汉克注意到身边的一名男子的视线一直停留在一位女性身上。当那位女性转身看到男子在看自己时，她并没有感到厌烦或不满，而是微笑以对，眉毛也向上挑了一下，眼球转向一侧。那名男子顿时心领神会，拿着两个酒杯走向女子。

汉克不再理会他们，与朋友们闲聊着。宴会中的人们都在觥筹交错、喜笑颜开时，突然传来一阵惊恐的叫喊声："有人被杀了！有人被杀了！"汉克听闻，立刻跑到声音传出来的地方，他发现死者正是刚刚与那名男子眉来眼去的女子。

汉克立刻报了警，并将现场保护好。此时，他注意那名男子正旁若无人地坐在一旁喝酒。当 FBI 特工闻讯赶来后，汉克与特工们首先对那名男子展开了调查。

可是，当特工询问男子关于女子的一些问题时，他却避而不答，声称自己不认识那名女子，也没有发现什么嫌疑人。汉克听闻，知道那名男子在撒谎，因为当他看到他们两人的眼神交流时，就知道其关系匪浅，推测女子的被杀肯定与这名男子有关系。

随后，FBI 特工与汉克对那名男子进行了深入的调查。经过调查发现，原来那名男子与受害者早已相识多年，受害者是他的秘密情人。可是，那名男子尚有妻子和孩子。另外，通过调查取证，犯罪现场不仅有那名男子的指纹，还有其他确凿的犯罪证据。

面对不容狡辩的证据以及FBI的审讯，那名男子终于交代了自己的犯罪事实：他们是在这次酒会上碰巧遇到的，可他的情人竟然提出让他与妻子离婚的要求，否则她就会将他们的丑事告诉他的妻子，气急败坏之下，他便冲动地将其杀害了。

在人际交往中，眼睛是人们相互沟通、交流的桥梁。而在情场中，眼睛则是打动或是征服对方的"利器"。比如，"含情脉脉""眉目传情""摄人心魄"等，都是通过眼睛来表达内心的各种情感。FBI心理专家表示，男女关系是否亲密融洽，是否对对方产生好感，通过眼睛就能观察到彼此内心暗藏的情意。案例中FBI特工汉克正是发现嫌疑人与受害者曾经有浓情蜜意的眼神交流，从而知道嫌疑人在撒谎，经过深入调查和审讯，最后将其缉拿归案。

曾国藩曾言："一身精神，具乎两目。"意思就是，一个人的精神会通过眼睛表现出来，眼睛能够反映出人们的真实想法和内心活动。FBI心理专家指出，瞳孔的扩张与心理活动有着密切的关系。当相恋中的男女在互相凝视对方时，瞳孔会不自觉地发生扩张，这是因为他们彼此都被对方所吸引。因此，通过眼睛能够洞察一个人的真实心理活动。

研究发现，当一对男女在交谈，如果一方在讲话时，另一方的眼睛一直关注着对方，则表明他／她在认真倾听；反之，一方眼神的关注点根本不在另一方身上，则表明他／她不重视对方或者根本就没有认真倾听。

图书馆一隅，一对男女正相邻坐在一起看书。此时，女生似乎心有不解，拿着书本小声地询问男生。男生听后，小声地为其讲解着。女生用手托着下巴，眼睛看看书本，而后又专注地看着男生。看着看着，女生似乎已经跑了神儿。男生抬头见此，眼角含笑，宠溺地轻拍了一下女生的头。

除此之外，还有哪些眼部动作传递着心理信息呢？在此，我们就与FBI 心理专家一起研究下：

眼睛凝视对方

一般来说，这个动作是指一方对另一方从双眼开始凝视，然后到下巴，直至全身各个部位。凝视的重点位置集中在眼睛、下巴以及腹部以上的部位。FBI 心理专家表示，用眼睛凝视对方是表达和倾诉爱意的意思。这源于父母对待孩子的关注和照顾方式，由于父母非常关爱自己的孩子，常常会借助凝视来倾诉他们对孩子的爱意。

在大多数情况下，男女双方的目光在互相凝视 3 秒钟后就会中断；而如果男女互不喜欢或是意见不合时，视线接触的时间就更短。

眼睛眯起看对方

这一动作是指眼帘半闭着，眼睛眯起。一般来说，它持续的时间比较短，但意义却非常丰富。FBI 心理专家分析，虽然这一动作看似在掩藏自己的目光，其实是在积聚目光，以让自己更清楚地观察心仪的对象。

地铁上，一个长相靓丽的女子吸引了彭旭的注意。他想要好好地打量她一番，但又不好意思明目张胆地一直盯着她看。于是，彭旭装作很疲倦的样子，眼帘半闭着，眼睛眯起来，借机仔细观察着对方。

斜着眼睛看对方

这个动作是指将脸转向一边，斜着眼睛，偷偷地看对方。FBI 心理专家分析，这个动作通常是指女生对男生有意时，她们会不自觉地低下头，打量对方。这就是我们平时所说的"媚眼"或"含情脉脉"。

在宴会上，娇娇注意到邻桌有一位长相帅气的男生。于是，她不由自主地脸转向一边，斜着眼睛，偷偷地打量着对方。

用眉毛、眼神传递情感

FBI 心理专家分析，这个动作通常会在热恋中的两个人身上看到。当一方想要向另一方诉说什么的时候，就会灵活地用眉毛、眼睛来传递爱意。这也就是我们常说的"眉目传情"。比如，在公共场合中，受环境的限制，一对恋人会通过眉毛、眼睛的活动来实现眉目传情，以表达他们之间强烈的爱意。

眼睛除了表达浓情蜜意外，我们还能够通过眼神判断出对方是否在乎自己：FBI 心理专家分析，当一方的眼神中流露出失望，则表明对方渴望得到温暖和关爱。如果这时候我们对其表示关心，对方在深受感动后，我们便能挽回他们的心；当一方的眼神中流露出绝望，则表明对方已经完全放弃你，即使我们再做任何努力，也无法挽回他们的心。

黄怡与冯刚已经谈了三年的恋爱，本该到了谈婚论嫁的地步，可是冯刚似乎并不想结婚，从来不与黄怡谈论这些事。这让黄怡对冯刚有些失望，心里不禁在想：是不是应该结束这段毫无结果的恋爱。

当黄怡向冯刚谈起自己的想法时，看到女朋友失望的眼神，冯刚急忙安慰道："我并不是没有结婚的打算，我只是想等事业再稳固一些了，我们再举行盛大的婚礼。"在接下来的时间里，冯刚对黄怡的态度确实改变了不少，每天都是嘘寒问暖，无微不至地关心着她。因此，黄怡也渐渐打消了之前的想法。

可是，一年过去了，冯刚已经当了部门经理，但他依然没有结婚的打算，还是没有提及结婚的事情。此时，黄怡彻底绝望了。不管冯刚对她有多好，她还是毅然决然地离开了他。

第二节　腿脚动作泄露男女亲密关系

凌晨，FBI 接到报警电话：在一家电影院附近发生一起凶杀案，一名女子被人残忍地杀害。FBI 特工火速赶到案发现场，经过勘查发现，死者的丈夫托尼在此案中有重大嫌疑。

于是，FBI 开始对死者的丈夫托尼进行深入调查。经调查发现，托尼虽然已婚，却与另外一名女性一直暧昧不清。另外，据受害者的邻居介绍，经常会听到夫妻两人发生争吵，而且还曾看到托尼打过妻子。因此，FBI 特工推断：是不是因为这件事，从而导致托尼对自己的妻子下狠手。

当 FBI 特工询问托尼相关问题时，他却称自己与妻子的关系很好，并否认自己与其他女性有染。可是，FBI 对与托尼关系暧昧的女性的住处进行监控调查发现，托尼每隔一段时间都会送她回家，而且在电梯中，虽然两个人没有亲密地靠在一起，可是，他们的脚尖都朝向了对方。这个动作表明他们的关系非常融洽和亲密。

凭借这一点，FBI 特工知道托尼一直在撒谎。在 FBI 特工的深入调查和长时间审讯下，托尼的心理防线崩溃，最终交代了自己的犯罪事实：他与妻子的关系一直不好，导致他对妻子越来越讨厌，开始在外面结识别的女性。近日，在电影院附近被妻子发现他与别的女人有来往。两人发生激烈争执，他想要与妻子离婚，可妻子坚决不同意。于是，他狠心地将妻子杀害了。

心理学家经过研究发现，在人与人交往的过程中，有75%的信息是通过非语言动作表达和传递的。对于很多有亲密关系的恋人来说，他们常常通过他人无法读懂的腿脚等肢体语言来传递感情。案例中的FBI特工正是从监控中发现嫌疑人托尼与其他女性的腿脚动作，从而推断他们的关系暧昧，由此知道他一直在撒谎，后经过深入调查和审讯，将其缉拿归案。

有心理学家指出，对于恋爱中的男女来说，他们的腿脚动作往往会泄露其关系亲密程度。

在一家咖啡馆中，一对男女各自在做自己的事情：男生正在埋头看着书，而女生则玩着手机。他们俩看似没有交集，但是桌子下面却暗藏乾坤：他们俩的脚并拢在一起，还时不时触碰一下对方。过一会儿，男生将书合上后站起来，女生也立刻起身，然后挽着男生的胳膊离开了咖啡馆。

可以说，腿脚动作是很难伪装的肢体语言，如果想要知道女性对男性是否有意思，FBI心理专家建议，只要留意她们的腿脚姿势便可以读出她们所传递的"爱的信号"。比如，当与女生第一次约会时，如果对方的脚伸向男生的方向，并且两腿稍微打开，则意味着女生对男生有好感；如果女生将双腿靠向自己或是交叉起来，则表现她不喜欢对面的男生。

那么，还有哪些腿脚动作会传递出情感信息呢？在此，我们就与FBI心理专家一起探究下：

行走的过程

FBI心理专家分析，如果一对男女在行走的过程中走得非常快，并不停地变换着相对的位置，在此过程中还会发出一阵阵略显紧张的笑声，表明两个人的关系还比较生疏，正在试探着交往；如果两人在行走的过程中怡然自得地漫步着，并且手牵着手，则表明他们的关系已经比较密切。

脚部动作是否协调一致

FBI 心理专家指出，通过脚部动作是否协调，便可以准确地判断出对方内心是否接受我们。比如，当我们与心仪的对象约会时，如果我们做出接近的脚步动作时，对方也做出同样的反应，则表明双方互相喜欢；反之，如果对方做出相反的或是急忙收回的动作，则表明对方对我们不感兴趣。

宴会上，一名男性注意到一个漂亮的女性正在一旁独自饮酒，他便走上前去搭讪。聊了一会儿，男性不由自主地将脚伸向了女性的方向，可是，那位女性却下意识地将脚收了回来。但那名男性并没有觉察到对方微妙的变化，依然面对这位女性侃侃而谈。最后，女性借故自己有事，表情厌烦地离开了。

踮脚走路

FBI 心理专家分析，当有些女性故意在男性面前踮脚走路，其实是想增加她们的腿部长度。尤其是在没穿鞋的时候，这种走路姿势效果更佳。此时，女性是在传递一个信号：她被别人深深地吸引住了。

在一次泳装聚会中，一位女生被迎面走来的高大帅气的男生所吸引。于是，她故意踮起脚走近那个男生。为了不让自己的动作意图太过明显，她假装避开游泳池旁边的一小摊积水。看似是防止自己在泳池边滑倒，其实，是在给她所中意那位男生留下深刻的印象，这样可以让自己的腿看起来更修长一些。

脚尖指向

FBI 心理专家分析，当男女二人在一起交谈时，如果彼此都有好感，他们的脚尖就会下意识地朝向对方，这意味着两个人的关系亲密、融洽。比如，案例中的嫌疑人与其他女性关系密切，他们的脚尖朝向就暴露了一切。

另外，如果在交谈的过程中双腿交叉，则需要注意对方双腿交叉时上面那条腿的脚尖指向。FBI 心理专家分析，男女双方在面对面交流时，如果对对方产生好感，双腿交叉时放在上面的那条腿的脚尖就会不自觉地指向对方，以拉近彼此的距离；反之，如果对对方没有兴趣，那条腿的脚尖则会朝向一边，以在自己与对方之间设置一道"屏障"，从而与对方保持距离。

汪峰对同事白燕爱慕有加，但他不知道白燕对自己是否有好感，所以不好冒冒失失地单独约白燕出来吃饭。于是，他请了好几位女同事一起用餐。吃饭前，汪峰故意坐在白燕的对面，为了能够更好地观察她的态度。

在吃饭的过程中，汪峰发现白燕双腿交叉坐着，而且上面那条腿的脚尖指向正朝着自己。这让汪峰很开心，他知道白燕对他也有好感。于是，在这次聚餐结束后，他积极地追求白燕。果不其然，白燕也很爽快地答应了他。

第三节　女人的细微动作暴露真实内心

近日，FBI 接到一起谋杀案：一名女子被人杀死在家里。于是，FBI 特工立刻驱车赶往案发现场。当女子的丈夫艾伯闻讯赶到后，他伏在尸体旁痛哭不已。

FBI 通过对现场的细致勘查发现，这起案件有可能是仇杀或是情杀案。因为死者的脸上被划了数刀，这是在其死后被凶手划破的，这表明凶手可能相当痛恨死者。

通过深入调查，FBI 将受害者的丈夫艾伯和她的一位朋友艾薇儿列为嫌疑人。起初，FBI 特工对两个人分别进行审问，可是他们二人都极力否认自己是凶手。随后，FBI 将两人一同进行审讯。

在审讯的过程中，艾薇儿在回答问题时，她的头部下意识地向艾伯所在的方向倾斜。而当艾伯回答问题时，她也不由自主地看着他。这都被敏锐的 FBI 特工尽收眼底。因此，他们推断，艾薇儿与艾伯关系匪浅，因为这些下意识的动作表明艾薇儿非常爱慕艾伯，所以她必定与这起谋杀案脱不了干系。

FBI 经过深入调查发现，原来艾薇儿一直喜欢艾伯，并曾向他告白。可是艾伯非常爱自己的妻子，不愿与其离婚，但艾薇儿一直纠缠艾伯。另外，FBI 还在调查中获悉，在事发当天，有目击者曾看到艾薇儿到艾伯的家中，并与其妻子发生了激烈的争执。

最终，在 FBI 的严厉审讯下，嫌疑人艾薇儿交代了自己的犯罪事实：由于艾伯迟迟不与其妻子离婚，她心生恨意，认为只有艾伯的妻子死掉，他才能和自己在一起。因此，她对自己的朋友，也就是艾伯的妻子痛下杀手，并在其脸上划了数刀，以发泄自己内心的怨恨。

有研究表明，女性的肢体动作往往比男性多，这是一种与生俱来的天性。当她们表达自己的爱慕之情时就会做出一些不易察觉的微动作。案例中的嫌疑人在面对爱慕的对象时下意识地做出了头部倾斜、眼睛注视等动作，被敏锐的 FBI 特工察觉到，继而对其展开深入调查，最终将凶手缉拿归案。

在日常生活中，我们经常会看到这样的情形：当爱慕的对象坐或站在对面时，女性就会不由自主地用手拨弄着头发，以引起对方的注意；当一对情侣逛街时，女性会下意识地将自己的手腕暴露在对方的面前……

可见，女性总会做出很多细微的动作来表达她们的真实内心想法。那么，还有哪些女性特有的肢体密语是我们不知道的呢？在此，我们就与 FBI 心理专家一起研究下：

眨眼睛

这一动作是指将眼皮短暂地抬起，有时还会将眉毛往上抬。对于旁人来说，几乎注意不到这样的小动作。FBI 心理专家分析，当女性对男性眨眼睛时，表明她们正处于兴奋、激动的状态，想要通过这种方式来引起男性的注意，意思是告诉对方："你就是我注视的对象。"

酒吧里，一位风姿绰约的女子走到吧台前，点了一杯酒，坐在吧台附近浅酌着。此时，一位帅气的男子也朝吧台走了过来。女子看向他时，那名男子正好也在看着她，女子立刻被其吸引，朝着他眨了几下眼睛。男子顿时心领神会，点了两杯酒，朝女子的方向走去。

拉裙角

FBI 心理专家分析，当与异性在一起时，如果女性总是拉裙角，则表示她正处于剧烈的心理冲突中。其中的心理因素既有羞怯又有防卫的成分，因为她们内心迫切地希望能够得到他人的注意，可是，又会担心自己的某些举动会引起他人的误解，自己也会感到有些不好意思。

穿着连衣裙的晓云正坐在一家咖啡店的窗前出神，这时，她看到一位浑身散发魅力的男性正往自己这边走来。于是，她下意识地拉了拉自己的裙角。

微笑

FBI 心理专家分析，当女性希望中意的男性接近自己时，会下意识地用微笑来表达自己的真实想法。这一动作往往是非常短暂的，她不像是对待身边的朋友那样随意地大笑，而是抿着嘴巴朝心仪的对象微笑，以给对方留下深刻的印象。

噘嘴

对于很多女生来说，通常会在自己的嘴巴上"大做文章"。比如，借助不同色彩的唇膏或口红，让自己的双唇看起来更加性感诱人，以吸引异性的注意，而噘嘴更是进一步凸显自己的魅力。FBI 心理专家分析，当女性对异性噘嘴时，表明她不仅想要吸引对方的注意，也是想向对方表现自己的亲和力和魅力的意思。

露出手腕

FBI 心理专家表示，手腕通常被认为是最能体现女性魅力的身体部位之一。如果女性故意将这一部位暴露在男性面前，则表明她对那位男性比较喜欢。如果暴露的次数比较频繁，则表明她对男性的爱意越来越强烈。

抱着宠物与异性谈话

FBI 心理专家分析，当女性抱着宠物与异性谈话或相处时，表明此时她对异性的话题不感兴趣或是不想接受对方。当身边没有宠物时，女性则会随手拿起某些东西，放在腿上玩弄。这些动作都表明"我对你没有兴趣，我们还是结束谈话吧"的意思。

晓柔已经 32 岁了，可至今仍是单身。为此，父母可是操碎了心。只要晓柔在家，他们就会给她安排相亲。周末，晓柔的父母又给她介绍了一个男人。

可是，晓柔与那个男人见面后，心里却对其无感，因为他的身高与晓柔差不多，而且长相也很平庸，这让她难以接受。在聊天的过程中，想要尽快结束谈话的晓柔随手抱起家中的小猫放在腿上，一边玩弄着小猫，一边敷衍着那个男人。

第四节　通过距离看懂男女间的亲密关系

　　某日，有人向 FBI 报案称：在一座公寓中发生了一起凶杀案。FBI 接到报案后立刻驱车赶往案发现场，发现受害者是一名中年男子。随后，FBI 特工一边对现场进行勘查，一边询问附近的目击证人。

　　一对夫妻向 FBI 特工提供了他们所看到的情况：昨天晚上，他们曾看到一名男子戴着棒球棒，身穿黑色夹克和运动裤来找受害者。由于灯光比较暗，他们没有看清那名男子的长相。这对夫妻是分别向 FBI 提供目击线索的，可是两人说的却分毫不差，好像是之前对好口供似的，这不由得引起了 FBI 特工的注意。

　　另外，FBI 的特工还敏锐地发现，当那名男子想要靠近自己的妻子，揽住她的腰回家时，妻子却不由自主地稍微侧了一下身，似乎在避开丈夫。通过这对夫妇的身体距离以及他们做出的微动作，FBI 分析，这对夫妇可能存在很大的问题，而且有可能与本案有关系。

　　经过 FBI 的调查发现，原来这两个人根本不是夫妻，而那位女性就是受害者的妻子。因此，FBI 对那名男子严加审讯，最终，他交代了自己的犯罪事实：他杀死遇害者后，正欲离开时遇见了死者的妻子，因此他威胁死者的妻子，如果不配合他，她就会落得像她丈夫的下场。

　　可是，无论他如何煞费苦心地伪装，也掩藏不了人们下意识的动作。FBI 还是依据受害者妻子的反应而将凶手抓获。

FBI心理专家指出，当男女关系非常亲密时，不仅彼此间的距离非常近，而且身体接触时也会接受对方；反之，如果两人关系疏远，一方做出亲昵的动作或是靠近对方时，对方大多会出现逃离的微动作或是僵在原地，不知所措。就像案例中的凶手想要揽受害者妻子的腰时，对方下意识地侧了一下身，这正是一种逃离的表现。FBI特工敏锐地发现异常后，对嫌疑人立即展开调查，从而将其缉拿归案。

美国印第安纳州巴特勒大学的心理学家经过研究证明，一对恋人在见面时，身体会不由自主地靠近对方。他们通过缩短两人间的距离来传递彼此的爱意。FBI心理专家也表示，在双方进行交流时，通过彼此间的身体距离就能够了解二人的关系亲密程度。

如同自然界的动物，它们也会以特殊的方式来划定自己的势力范围。比如，狮子的势力范围大约是方圆50公里，如果其他狮子或是动物未经它的允许而进入这个范围，那么，就会被它们视为侵略行为。

在拥挤的公交车或地铁中，如果是陌生人靠近自己，人们绝不会让对方靠近自己的脸。这表明在人际交往中，每个人都有一个属于自己的空间和距离范围，只有在允许的限度内，人们才会感到自然和安全。

美国学者爱德华·霍尔经过研究发现，人与人在交往时，空间距离可分为四类：亲密距离、个人距离、社交距离、公共距离。

亲密距离是指人们在与他人交往的过程中，保持的距离在0～0.5米之间。比如，我们与自己的配偶、恋人、亲朋好友等，就可以做到亲密无间、耳鬓厮磨。就像处于恋爱中的男女，两人的距离是非常亲近的。可是，如果其他男性或女性处在这一空间中，就会引起伴侣的醋意，甚至会导致其大发雷霆。

周末，李菲与男友在餐厅吃饭。随后，李菲去了一趟洗手间。可是，在她回来的时候，却看到一个女生靠近男友在询问着什么。李菲顿时有些不高兴。她快步走上前，到了位子坐定后，不悦地问道："有什么事吗？"
女生不好意思地回答道："打扰了，只是想问问附近有没有地铁。"

个人距离一般是指距离保持在 0.5 ~ 1.2 米之间。通常情况下，这种距离不会发生身体的碰撞和接触。比如，一般的朋友或是同事之间。因此，工作场合往往需要保持这种距离。与自己的上司相处时，尤其要把握好这个交往距离。

心理学家曾做过这样一个实验：在一座图书馆中，当心理学家看到有人单独坐在一处看书时，他会故意坐在那个人的旁边。结果，一连试验了80 多个人后，大多数人都做出相同的反应，不能容忍陌生人近距离地坐在自己的旁边。

社交距离一般是指保持在 1.2 ~ 3.5 米之间的人际交往距离，通常是在诸如商务会谈等活动中。

通常来说，在社交场合中，未经他人的允许，一般人是不会闯入他人的亲密距离和个人距离，而是留在社交距离中。反之亦然，如果一对情侣在逛街时经常保持 1.2 米以上的距离，那么，说明这两个人的关系并不是很融洽，他们之间有可能存在矛盾或其他问题；如果一个女员工随意闯入男上司的个人距离中，则表明他们的关系有可能暧昧不清。

公众距离一般是指保持在 3.5 ~ 8.3 米之间的距离，通常适应于演讲等公开活动。

另外，FBI 心理专家还指出，不同性别的人之间的空间距离范围也存在差异。为此，他们还做过这样一个实验：让一个人正面靠近一个陌生人，当被靠近的人因为距离过近而感觉不舒服时，FBI 心理专家就对两人的距离进行测量，而这个距离就是个人不够容忍他人侵入个人空间的临界距离。

FBI 心理专家将实验分成四个部分：第一部分是让一名陌生男性靠近另一

名男性，直到被靠近的男性想要离开时，他们之间的临界距离平均是 1.14 米；第二部分是让一名陌生女性靠近一名男性，直到对方想要离开时，他们之间的临界距离是 0.88 米；第三部分是让一名陌生男性靠近一名女性，直到被靠近的女性想要离开时，他们之间的临界距离是 1.35 米；第四部分是让一名陌生女性靠近另一名女性，直到对方想要离开时，他们的临界距离平均是 1.05 米。

实验结果表明，对于大多数男性来说，他们能够容忍的空间距离被异性入侵的程度要比女性强一些；而对于大多数女性而言，她们容忍的空间距离被同性入侵的程度也要比男性差一些。

不过，随着时代的发展，人与人之间的隔阂越来越大，即使空间距离比较近的两个人，心理距离也可能非常远。有的人即使看起来与我们走得很近，但他们是另有目的，因此心理距离是非常远的。

另外，与不同文化背景的人交往时，也要注意保持不同的人际空间距离。比如，与美国人交谈时，在空间距离上需要保持 0.6 米左右。因为这是他们认为最为友好的空间；如果与阿拉伯人交谈，则要小于这个距离，要不就会出现你往后退，而对方却向前追的搞笑场面；如果与日本人交谈，则空间距离应该稍微远一些。

一个阿拉伯人在日本的一家企业工作。初入公司，他对各项业务并不是很了解。于是，虚心的阿拉伯人便向一位日本同事请教。在他们交谈的过程中，阿拉伯人与日本同事靠得相当近。于是日本同事不断地往后退，而阿拉伯人则步步紧追。

最终，阿拉伯人将日本同事逼到了墙角处，也没有询问到想要的答案。自此以后，那位日本同事见到他就害怕，以为他是同性恋。后来相处久了才知道，阿拉伯人交往的空间距离比较近，越近表明他们越礼貌，越尊重和信任对方。

第五节　男女交往时的谎言密码

　　审讯室中，FBI 特工正在审问一个文质彬彬的嫌疑人。不管特工问他什么问题，他都是面带微笑回答问题。即使问到他是否就是凶手的问题时，他依然微笑着矢口否认。

　　起初，FBI 特工没有在意，以为他有可能与本案无关。可后来，他们敏锐地察觉到，嫌疑人是在通过微笑来掩饰自己的真实想法，因为在某一瞬间，他显露出了紧张的微表情，而且这个微动作非常迅速且短暂。

　　因此，FBI 特工开始分析嫌疑人虚假的笑容：维持的时间比较长，不像发自内心的真诚微笑；他的微笑总是局限在面部的下半部分，而真诚的笑容不仅涉及嘴角的肌肉，还涉及眼睛、眉毛等部位附近的肌肉；他的微笑总是出现在脸的一边，尤其是右边，而真诚的微笑则是出现在脸的两边。

　　通过对嫌疑人笑容的分析，FBI 特工判断，这个嫌疑人是个撒谎者，他所说的话根本不可信。于是，FBI 对其进行深入和细致的调查。经调查发现，嫌疑人正是凶手。

　　FBI 心理专家指出，当人们试图隐藏自己的真情实感时，他们的脸就会接收两种截然不同的"指令"：大脑会自发地要求面部表现出真实的情感，但自觉的意识则会要求面部呈现出虚假的表情。而在此过程中，自觉意识的力量往往更占优势，从而将人的真情实感隐藏起来。

可即使这样，在做出伪装的笑容时，人们依然会片刻地流露出内心的真情实感，被称为瞬间表情。它是极其迅速而短暂的，往往不易被人们捕捉到。但案例中训练有素的 FBI 特工还是敏锐地察觉到了嫌疑人的瞬间表情，继而对其虚假笑容进行分析，推断他是一个撒谎者，最终，将该案的真凶缉拿归案。

那么，还有哪些微动作能表明说话人在撒谎呢？在此，我们就跟随 FBI 心理专家一起了解下那些揭示谎言的微动作"密码"：

拉扯衬衣领口

FBI 心理专家经过研究发现，人们在说谎时之所以会出现拉扯衬衣领口等小动作，是因为他们对自己所说的话感到不适，颈部神经就会出现异样的感觉。因此，他们通过这一动作来缓解自己的颈部不适感。不过，这个动作也不能完全说明他人在说谎，关键还要看说话者在拉扯衬衣领口时是否还会伴随不自然的笑或是眼睛不敢直视对方等微动作。如果出现这些微动作，则表明此人肯定在说谎。

陈昌下班后正欲回家时，没想到却在路口遇到了初恋女友。于是，他们找了一间咖啡馆坐了下来。聊了一会儿陈昌才知道，原来初恋女友最近经济比较困难。没等初恋女友开口，陈昌就声称会借给她一笔钱。初恋女友非常感激，声称自己有钱了会立刻还给他。

可到了月底，陈昌妻子在查账时发现陈昌少了一部分钱。当妻子问他时，陈昌有些惊慌，担心说借给初恋女友，必然会引起家庭纠纷，于是，他下意识地拉扯了一下衬衣领口，眼睛不敢直视妻子，嘴上说："同事家里急用一笔钱，当时借给他了，忘记跟你说了。"

机械地重复之前所说的话

FBI 心理专家分析，当人在撒谎时往往很少提到细节，几乎不说时间、地点等。即使提供了细节，他们也无法明确地描述那些细节，只是机械地重复自己刚刚说过的话。反之，如果是说实话的人被问及细节问题时，就能够提供更多、更全面的信息。

周末，丁宁想去游戏厅打游戏。可是，当女友问起他要去做什么时，他却回答道："和朋友聚会。"

"去哪里聚？"女友接着问道。

"在朋友家。"丁宁机械地回答

"都有谁？"女友又问道。

"几个朋友。"丁宁开始重复自己刚刚说过的话，而说不出详细的内容。

将自己从谎言中剔除

FBI 心理专家分析，当人们撒谎时，会下意识地将自己从谎言中剔除出去。比如，说谎时人们有可能会省略主语"我"，以让自己置身事外，仿佛谎言跟自己无关，以缓解说谎时的心理压力。

晚上，妻子在家等待着出差的丈夫回来。可是，已经到了 11 点了，丈夫依然没有回家。妻子非常担心，打电话询问丈夫怎么还没有回来。其实，丈夫正与几个朋友在外面喝酒，担心会被妻子数落，因此在回答妻子的问题时，他撒谎道："车在半道上坏了，正等着朋友来接。"

手掌摩擦大腿并下意识地摸头

FBI 心理专家分析，手掌摩擦大腿并下意识地摸头时，表明此人正在撒谎，他们想要通过这些动作来掩饰自己的真实想法。说话者编造的谎言越多，他／她不经意间做出的小动作就会越多。

刘杰与女友虽然已经认识两年了，可是他依然与前女友藕断丝连，他们还私下见过几次面。在此期间，他一直瞒着现女友。可是，凡事没有不透风的墙，刘杰的女友还是听到了一些风言风语。

一天，当刘杰女友问他是否还与前女友联系时，刘杰立刻回答："没有，没有。"可是，当女友再深入地细问一些问题时，刘杰开始不由自主地用手摩擦着大腿，还会下意识地用手摸摸自己的头。

第九章

FBI 教你看穿社交微动作的心理真相

FBI心理专家表示，在人际交往中，通过他人的肢体微动作便可以轻易地看穿人们的内心变化。即使只是一个小小的表情动作，也表明人们内心的情绪波动。尤其是在商务活动中，通过捕捉这种细微的动作而抓住时机，会取得意想不到的效果。

第一节 递名片：一眼看穿他人

FBI 接到一起银行抢劫案。可是，由于劫匪几个人全副武装，从监控录像上根本看不出他们的样子。因此，这给 FBI 特工侦破案件增加了难度。

即使如此，FBI 仍然不放弃，一遍又一遍地查看银行内部以及外部的监控录像。功夫不负有心人，经过 FBI 特工细致地查看录像后，终于发现在事发当天有一个嫌疑人在银行周围转悠。从监控中可以看出，那名嫌疑人一直在随意发放着自己的名片，而且不分对象，犹如发放传单似的。

通过他的动作和表现，FBI 分析，这名嫌疑人的性格属于在人际交往的过程中为人不诚实，看起来开朗、谨慎，实际上经常言行不一致，而且总是幻想着自己能够大赚一笔。

另外，FBI 特工还推测，这名嫌疑人有可能是在望风，一旦遇到可疑情况，他就会立刻通知银行内的劫匪。于是，FBI 对这名嫌疑人进行通缉和调查。

很快，那名嫌疑人就被缉拿归案。在 FBI 的严厉的审讯下，那名嫌疑人对犯罪事实供认不讳：他是这起银行抢劫案犯罪团伙中的一员，主要负责望风。另外，根据他提供的线索，FBI 很快就将其他几名劫匪抓获。

FBI 心理专家表示，在人际交往中，通过递名片的动作便可以看穿一个人的真实个性。比如，比他人先拿出名片，表明此人非常有诚意；接过他人递来的名片，既不拿出自己的名片，也没做任何反应，则表明此人比较蛮横无理。案例中的 FBI 特工通过监控录像看到嫌疑人随意发名片的动作，从而剖析出其真实个性，并推断出他有可能是劫匪中的一员，随后顺藤摸瓜，将其他劫匪一并抓获。

在人际交往中，名片是商务人士沟通、交流的中介工具。通过交换名片，一方面能够更好地介绍自己，另一方面还能够认识更多的人，积累更多的人脉。不仅如此，FBI 心理专家还表示，通过交换名片的动作能够一眼看穿一个人的内心。在此，我们就来看看哪些递名片动作能够看出一个人的真实个性：

喜欢持两张名片

FBI 心理专家分析，在交换名片时喜欢持两张名片的人大多具有创新精神，而且还会做出一些壮举。这类人做事深谋远虑，并且有广泛的兴趣，除了自己的本职工作外，还会兼做其他工作，所以会准备两张名片，以满足不同场合下的交际需要。比如，许凯总是喜欢带两张名片在身上，以备不时之需。虽然他是一名网站编辑，但兴趣广泛的他还兼职做设计。

交换名片后附注时间、地点

FBI 心理专家分析，交换名片后在对方名片上附注时间、地点的人往往比较细心，很喜欢交朋友，而且头脑灵活，总有很多主意。另外，这类人还有非常广泛的兴趣。比如，杨雄在收到他人的名片时，总是会将认识对方的时间、地点标注在上面，所以，每当他整理名片时就会想到当时的情景。因此，认识杨雄的人都被他的细心所折服。

递名片时拿出一大叠他人的名片

FBI 心理专家分析，如果在递名片时拿出一大叠他人的名片，表明此人往往以自我为中心，并且这类人大多能力比较强，口才好，很讨人喜欢。他们往往比较注重外在形象。

一场媒体发布会上，网站记者周贤为了获取更多的资源，在发布会结束时他四处与人互换名片。当他与一个年轻的小伙子交换名片时，只见那个小伙子拿出了一大摞他人的名片，仔细翻找之后才抱歉地说："不好意思，我不擅长整理，好多名片都放在了一起。"

但周贤并不介意，因为通过他的这一动作，周贤知道这个小伙子能力还是比较强的，而且口才也不错。因此，周贤在接过名片后，妥善地将其放好，以备将来之用。

另外，在人际交往中，如何更好地交换和使用名片也是一门大学问。

递交自己的名片时需注意的是：看对方是否有意愿交换名片，如果对方没有做出代表这种意愿的肢体语言或表情，则不要递交名片，以免让他人觉得自己有炫耀之意或者勉强对方；递交名片时应该站立且双手正面递给对方，并简单而又有礼貌地做一下自我介绍；掌握好时机，不宜过早或过晚，尤其不要在用餐等场合递交名片，更不要在诸多人面前向多位陌生人随意递交名片。

接受他人的名片时需要注意的事项是：起身相迎，面带微笑，双手接过名片；接过后不妨将职务、头衔轻声读出，以表示对他人的尊重和敬佩；接过他人的名片后，应谨慎地将其放置在名片夹或是上衣口袋等地方；接受他人名片后，应该立即给对方自己的名片，若是忘带或已用完，则要对他人做出合理的解释和表达歉意。

第二节　社交场合的握手动作有玄机

凌晨，FBI 接到一个报警电话：在一场宴会中发生了一起凶杀案。于是，FBI 特工立刻驱车赶到案发现场。经过对现场的勘查发现，遇害者身上插的是一把宴会上使用的刀。对此，FBI 推测，有可能是凶手临时起了杀机，因而拿起宴会中用的刀，杀死了受害者。

于是，FBI 开始对现场的宾客进行盘查和询问。当他们询问到其中一位宾客时，那名宾客虽然表面上笑意盈盈地表示，一定会配合FBI的调查工作。可是，当特工与其握手时发现，对方的手感觉非常僵硬，如同一条死鱼般，没有任何感情。因此，FBI 特工推断，这名宾客表面上看起来很配合，实际上内心却非常抵触，极其不情愿。

于是，FBI 决定对其进行仔细的审讯。果不其然，当 FBI 特工对其展开审问时，他言辞闪烁，总是避重就轻地回答问题，这更加引起了特工的注意。因此，FBI开始对其深入调查。经调查发现，原来这名宾客与受害者早就相识，而且结怨已久。

后来，通过 FBI 的现场勘查人员对凶器的指纹进行提取和鉴定得知，上面留下的正是这名宾客的指纹。最终，在 FBI 的连番审讯下，嫌疑人交代了自己的犯罪事实。

握手，不仅是社交场合中的一种通行礼仪，也是传递心理信息的重要渠道。FBI 心理专家表示，通过握手能够洞悉他人的心理变化和真实想法。案例中 FBI 特工就是在与嫌疑人握手时"读"出对方的真实心理状态，从而对其严加审讯和深入调查，最终将其缉拿归案。

握手最早源于欧洲。当时，欧洲各国的骑士们在作战时都会全副武装，除了两个眼睛之外，其他身体部位都会用铁甲包裹起来。而在他们的右手臂护腕处的盔甲中则藏有短刀或暗器。因此，当骑士们表示想与对方友好相处的想法时，就会脱去右手的甲胄，以向他人证明自己手中没有武器。

如果双方想进一步沟通、交流，则会互相靠近，保持大概 1 米左右的距离。然后双方都会伸出右手，相互交叉并握住对方的小臂，上下抖动 3 ~ 5下，而后滑出，再互相握住对方的双手。在确认没有武器装备后，才会展露笑容或相互问候，这就是握手的起源。随着时代的发展，握手礼在世界各国流传，渐渐变成了如今社交场合中不可或缺的见面礼仪。

那么，在人际交往中，有哪些握手动作值得我们认真解读其潜在的心理含义呢？在此，我们就与 FBI 心理专家一起探究下：

握手时虎口相对，掌心相贴

FBI 心理专家分析，在社交场合中，如果握手时虎口相对，掌心相贴，这是一种下压式的握手，会给被握者造成一种压迫感，而施加压迫的一方则在内心产生一种优越感。习惯在握手中施加压迫的这种人大多习惯独断专行，为人处世不太顾及他人的感受。

FBI 心理专家建议，如果在握手时遇到这种喜欢施加压迫的人，若想改变这种局面，可以在握手时翻转手腕，将对方的手压在下方。

在一场酒会上，身为杂志主编的金思安认识了一位媒体记者。当对方伸出手与金思安握手时，两人虎口相对，掌心相贴，但金思安却感到一种压迫感。虽然对方谦虚地表示，希望能够在日后将作品发表在贵杂志上，并且可以长期合作。

可是，金思安却认为，他是不可能与对方合作愉快的。因为通过这次的握手动作，就可以看出这位记者比较独断专行，而且做事不顾他人的感受。因此，酒会结束后，金思安并没有与其进一步联系。

在握手时出现轻微的拉拽动作

FBI 心理专家分析，在握手时，如果一方出现轻微的拉拽动作，则表明人们的内心产生需要倾向的信息，是想将我们拉拢过去。通过这个动作，人们是在向他人传递这样的信息："我很需要你的帮助和支持""你是我的人"。

比如，在职场中，一位老板非常看重一名员工的工作能力，在与其握手时会不由自主地出现轻微的拉拽动作；在宴会上，当一位男士看到心仪的女士时，与其握手时也会下意识地出现轻微的拉拽动作。

握手时不握对方的手，而是握手腕

FBI 心理专家分析，在握手时不握对方的手而是手腕，这是一种特殊的握手方式，又被称为"擒拿式"。这种握手动作是极为不礼貌和不友好的，会引起被握者的反感。在商务会谈中，如果主动握手者采取这种方式握手，表明此人根本不理会他人的感受。

握手时将对方的手完全握住

FBI 心理专家分析，在社交场合中与人握手时，将对方的手完全握住，同样是一种不礼貌的握手方式，这表明握手者比较强势，做事不顾他人感受，并且有些大男子主义。而对于被握者来说，会感到相当反感、别扭。比如，曹慧在一个公共场合与一位男士握手时，对方却将她的手完全握住。这让曹慧内心非常反感，于是她装作有事，立刻甩开了那位男士的手。

握手时只握住对方的手指

FBI 心理专家分析，在握手时只握住对方的几根手指，主要分为两种情况：一种是主动握手的人出于一种礼节，象征性地向对方示好；另一种是被握者不愿去握他人的手，但又迫于无奈，只好伸出半只手来敷衍一下。

如果是在商务会谈中，用这种方式握手则代表合作成功的几率非常低。不过，如果是在公共场合中，男士采用这种方式握住女士的手，则表明此人比较有礼貌和有分寸。

握手时双手伸直并手掌相对而击

这个动作是大学生或是白领等人士经常使用的一种握手方式。FBI 心理专家分析，这个握手动作表示与对方合作很愉快，双方关系密切。一般来说，在采用这种击掌式握手前，双方都会心领神会地举起一只手。可是，如果是对于陌生人来说，最好不要采取这种握手方式，因为对方有可能没有领会到你的动作而出现尴尬的局面。

握手时将腰弯下来

FBI 心理专家分析，在握手时将腰弯下来，并伴随把头低下去，这是一种恭敬式的握手。一般来说，下级见到上级或是普通民众遇到权威领导时，为了表达尊重而采取这种握手动作。但是对于国家领导人来说，如果在外交场合握手时将腰弯下来，并将头低下去，则是有失体面的。

另外，在握手时还有一些握手礼仪值得我们注意：握手时不仅要注视对方，还要微笑面对，切不可心不在焉；寒暄时不可长篇大论，更不可一句话不说；不可使用左手，即使是左撇子，握手时也要使用右手；多人见面时切不可交叉握手，即从他人的胳膊上面穿过去，着急与其他人握手；与多人握手时要讲究次序，比如，先年长者后年幼者，先女士后男士，先上级后下级等。

第三节　交谈时对方松袖口暴露的心理秘密

FBI特工鲁尼接到一条线索：在一家旅店中正在进行毒品交易。鲁尼与其他同事火速赶到案发现场。可他们还是晚了一步：当到达现场时，他们只看到一个名叫德里的小毒贩在那里，而毒品却怎么也找不到。这让鲁尼非常颓丧，只抓到了一条"小鱼"，是无法让他们"收网"的。

于是，鲁尼与其他同事先将德里带回联邦调查局驻地进行审讯。在审讯的过程中，德里虽然深知特工没有证据给自己定罪，但是为了不让他们从自己身上获得有用的信息，他小心谨慎地回答鲁尼问的每一个问题。这让鲁尼非常无奈，对德里审问了很长时间，依然得不到任何有价值的线索。

于是，鲁尼走出审讯室，与其他同事商量了一会儿。然后，鲁尼与一位同事再次以咄咄逼人的气势审讯德里，并问了几个重复的问题。德里依然谨慎地回答着，而且答案几乎完全一致。

随后，鲁尼合上审讯记录本，站起身来，故作轻松地说："德里，基于我们没有足够的证据起诉你，并且经调查发现，你与这起毒品案也没有太大的关系，所以现在你可以走了。"

此时，鲁尼发现德里暗暗地吐了一口气，并下意识地松了松袖口，还抻了一下衬衣领口。见此，鲁尼见缝插针说道："真替你不值，你在这里坐冷板凳，接受枯燥的审问，而你那些仗义的朋友却在外面风流快活。"德里立刻接过话茬儿，生气地叫骂道："确实，这帮家伙太自私了，每次都让我冲在前面做危险的交易工作，而分钱的时候却分给我最少的一份。"

鲁尼听闻，喜上眉梢，但他不露声色地顺手递给德里一杯水，附和着说道："你真是太不容易，何苦这样委屈自己呢？喝杯水，慢慢给我说说让你感到愤懑不平的事情吧。"

在鲁尼的引导下，德里将自己知道的事情一一吐露了出来。根据德里提供的线索，FBI 特工很快将那些毒贩一网打尽。

在社交场合中，与人交谈、聊天的过程中，当感到紧张或有压力时，对于男性来说，总会不由自主地松一松袖口或是抻一下衬衣领口；而对于女性来说，则会下意识地轻轻捋一捋头发或是摆弄一下衣服。研究表明，让衣服稍稍远离自己的皮肤，其实是在缓解压力的一种表现。因为在让身体透气的同时，也能够舒缓紧张的心情。案例中 FBI 特工鲁尼正是敏锐地发现了德里所做的动作，洞悉到他内心的微妙变化，在其心理防线松懈时对其进行诱导，进而从他口中获取更多的线索，最终将"大鱼"一一捕获。

FBI 心理专家表示，在人际交往中，通过他人的肢体微动作便可以轻易地看穿人们的内心变化。即使只是一个小小的表情动作，也表明人们内心的情绪波动。尤其是在商务活动中，通过捕捉这种细微的动作而抓住时机，会取得意想不到的效果。

会议室中，市场销售总监韩栋正与客户谈着生意。虽然他们已经交谈了一个多小时了，但是客户却相当慎重，思虑再三，依然没有要签合同的意思。

韩栋深知在商场中不能过于急躁，一定要等待时机。于是，他仍然心平气和地与客户谈论着合作的真正利益和商机。不一会儿，韩栋发现对方不由自主地松了松袖口，并抻了一下衬衣的领口。因此，韩栋知道时机已到，他开始慢慢地引导客户，讲述公司产品的各种优势，并以生动的形式向其展示产品。

不久，客户便拿起了合同，细细地读着上面每一项内容。最终，客户与韩栋友好地签订了合同。

在人际交往中，除了松袖口的动作能够显示他人的内心变化，还有一些肢体微动作也能够清晰地表达一个人的情绪变化和当时的心理活动。在此，我们就与 FBI 心理专家一起来解读下：

眼睛不看讲话者，头偏向一边

FBI 心理专家分析，在人际交往中，如果谈话对象在沟通交流中眼睛不看讲话者，并且将头偏向一边，有些心不在焉，则表明此人对话题不感兴趣，想要尽快结束这次谈话。因此，对于讲话者来说，如果发现听讲者发出这一信号，此时不妨调整一下讲话的内容。

其实，在社交场合中，我们经常会发现一些代表不感兴趣的肢体动作、眼神变化等。比如，在一场演讲活动中，当听众感到演讲者的话题索然无味时，便会耷拉着脑袋或是不由自主地打瞌睡。另外，在公众场合遇到熟人，但不想与其打招呼时，人们通常会将脸转到一边，装作看不见，并且绕道而行。这些都是表示不感兴趣的肢体动作。

对讲话者伸舌头

FBI 心理专家分析，在谈话过程中，如果听话者对讲话者伸舌头，则表示此人比较厌烦讲话者。这一动作源于人们的幼儿时期，当婴儿吃饱喝足后，就会吐出舌头，拒绝再进食。这个拒绝动作一直延续到成年。比如，在一场宴会上，一位男士对着一位女士侃侃而谈。可是，那位女士却不由自主地伸出了舌头，眼睛望向一边。

另外，还有一些肢体动作也表示厌烦、不满的意思。比如，用手背向外扇动或是弹手指等。不过，需要注意的是，用双手往外扇在希腊则是一种侮辱性的动作，意思是"赶紧走开"。因此，与希腊人交谈时要格外注意避免类似动作。

交谈时眼睛朝下并用手抠桌子上的缝隙

FBI 心理专家分析，当我们与人交谈时，对方眼睛朝下并用手抠桌子上的缝隙，表明此人不赞同我们讲述的观点，但又不便发表议论，虽然已经产生了厌烦的心理，却隐忍不发，便会下意识地做出这些动作。如果身边没有可触摸的东西，就会摆弄指甲或衣服上的线头等。

在一场相亲会上，一位男士主动与卓娅攀谈起来。起初，卓娅对其比较感兴趣，因为他长相不错，谈吐不凡。于是，两人相谈甚欢。可是，当聊到女人在结婚后就要做居家太太时，事业心比较强的卓娅非常不赞同他的观点。可是，那位男士依然滔滔不绝地说着。此时，卓娅不由自主地眼睛朝下，盯着地板，并用手抠着桌子上的缝隙。

第四节　身体姿势传递出的真实信号

凌晨，某公寓的维修工人克雷尔向 FBI 报案：昨晚，他负责维修的公寓发生了重大抢劫案，被抢劫的资产高达数百万美元。于是，FBI 驱车火速赶往案发现场调查。到达现场后，他们一边四处查看，一边对报案的维修工人进行仔细的询问。

克雷尔与 FBI 特工相对坐在沙发上，他正襟危坐着，想了一下说道："昨天晚上我正在维修的时候突然停电，于是我只好回到了休息间休息。可是正在休息的时候，却听到外面有声响，于是我透过门缝看到几个人偷偷地潜入了一些住户的家中。"

特工问道："你看清他们长什么样子吗？"此时，克雷尔的身体向后仰，与 FBI 特工保持一定的距离后回答道："由于当时比较黑，我根本看不到他们的长相。可是，当他们拿着手电筒照明时，我看见其中一个的脸上有一道很长的伤疤。"而在叙述这些内容时，克雷尔不由自主地做出搓手或是捏手指的动作。

这些细微的肢体动作当然逃不过 FBI 特工的法眼，从这些动作中，特工推断克雷尔是在说谎，因为从最开始的正襟危坐到后来保持距离的谈话以及一些手部微动作，都表明他内心正处于紧张不安的情绪状态下。同时，这些动作也表明他在刻意隐瞒事实真相。

后来，经过 FBI 深入调查和严格审讯，终于查明了真相：原来是克雷尔监守自盗，他深知公寓中哪些住户不在家，于是故意将整个公寓的电闸弄坏，伺机潜入他人家中盗窃巨额财产。

FBI 心理专家经过研究发现，当与人交谈时，如果当事人说的是真话，他／她的身体会不由自主地靠近对方，以此让他人更了解自己所说的内容；反之，如果当事人说的是假话，他／她的身体则会与对方保持一定的距离，同时，手脚也会下意识地做出很多小动作。案例中 FBI 特工正是看穿克雷尔的身体姿势所折射出的真实心理信号，了解他内心的情绪变化，再通过后期的深入调查和审讯，最终将其缉拿归案。

在社交场合中，我们仔细观察就会发现：如果一个人总是习惯正襟危坐，从这一动作就可以看出此人内心比较紧张；如果在与他人交谈的过程中，倾听者身体靠在椅背上，则表明其不想再谈下去。

不过，将身体靠在椅背上这个动作，对于讲话者来说是非常讨厌的，他们会认为对方太盛气凌人了。因此，FBI 心理专家建议，在倾听时，应该将身体前倾，以博得他人的好感。

那么，在人际交往中，还有哪些身体姿势可以折射出他人的真实内心呢？在此，我们就来看看 FBI 心理专家如何介绍的：

身体稍微侧转或是懒散地坐在椅子上

FBI 心理专家分析，与人交谈时，当发现对方的身体稍微侧转或是懒散地坐在椅子上，表明此人对讲话者的话题不感兴趣或是不同意对方的观点。比如，在一场索然无味的演讲中，听众还没有听到一半，有的人就已经开始将身体侧转，还有的人姿势懒散地坐在椅子上。

频繁更改坐姿并整理手上东西

FBI 心理专家分析，与人交谈时，当对方频繁更改坐姿并整理手上的东西，则表明此人有些不耐烦，作为讲话者应该尽快结束谈话，以免出现尴尬的场面。

在一个休息场所中，一名销售人员正在向一位女士推销着他们公司的产品。可是，已经过了大半个小时，那名销售人员还在滔滔不绝地讲着。此时，那位女士频繁地更改坐姿，看看手腕上的手表，并整理桌边的物品。

但那名销售人员却没有觉察到这一切，依然埋头介绍着。于是，那位女士只好打断他的话，对他说："不好意思，我要赶时间处理一些事。"说完，立刻起身离开了。

身体倾斜并远离讲话者

FBI心理专家分析，与人交谈时，当对方的身体倾斜并远离讲话者时，则表明此人对讲话者比较讨厌或是不喜欢他/她的言谈，因此，身体就会下意识地做出这个动作。比如，坐在公交车或是地铁上，当遇到邋里邋遢的人坐在自己身边时，我们就会不由自主地将身体倾斜，远离外表邋遢者；当与人聊天，听到他人的言谈非常令人厌烦时，我们也会下意识地将身体倾斜，以远离讲话者。

其实，我们不仅仅会通过倾斜身体，以远离那些让自己感到不适的人，而且在面对某些令人厌恶的事物时也是如此。FBI资深特工、身体语言专家乔·纳瓦罗讲述过自己经历的一件事情，很好地诠释了这个动作所表达的内心情绪变化。

第五节　搓腿微动作所包含的"潜台词"

FBI 心理专家表示，当双方对坐着，并有桌子遮挡时，搓腿这个动作常常被人们忽略掉。可是，这个动作却表示行为人不仅仅是为了擦掉手上的汗渍，更重要的是消除自己的紧张、不适感，以此来安慰自己。

其实，不仅在办案过程中可以通过搓腿这种安慰动作来判断审讯对象的内心活动和潜台词。在社交场合中，也同样适用。

在一场面试中，一名应聘者非常自信地回答着面试官的问题。这让面试官不禁对他产生了良好的印象，准备再问一个问题就录取他。当面试官问他简历上附录的作品是否都是原创时，应聘者将手放在腿上，并来回搓动了几次，回答道："是的，都是原创作品。"

面试官看到这一动作，心里有了怀疑。于是，他在电脑上搜了一下简历上的作品，却发现并非应聘者的原创，他抄袭了大部分内容。结果，应聘者与这次机会失之交臂。

其实，表示安慰的动作还有很多。比如，在生活或工作中感到有压力时，我们会下意识地用手按摩一下颈部或是深呼吸等。其实，这些都是大脑发出的指令，接到指令信息后，我们就会不由自主地去做这些动作。

那么，这些动作代表怎样的含义呢？在此，就让 FBI 心理专家为我们解读一下吧：

吹口哨

FBI 心理专家分析，当置身在陌生的环境中或是行走在夜晚静谧的街道上时，很多人会通过吹口哨来缓解内心的紧张，以让自己平静下来。另外，有的人还会通过自言自语等方式来缓和紧张和压力。

用手抚摸颈部

FBI 心理专家分析，用手抚摸颈部是最为常见的一种按摩方式。这个动作不仅能够缓解压力，还会让自己的内心趋于平静。不过，男性和女性在做这个动作时有不同的方式。对于男性来说，他们的力度比较大，会用手抓住或盖住下巴以下的部位进行安抚，以让自己冷静下来；对于女性而言，则是通过抚摸颈部来安慰自己。不过，也有的女性会借助抚摸或玩弄脖子上佩戴的饰物来安慰自己紧张不安或是焦虑的情绪。

比如，初入职场的龚娟与同事沟通、交流时总是有些紧张。于是，每次与其他同事交谈时，她都会用手抚摸一下脖子上的项链来安慰自己，以让自己的心情变得平静一些。

手臂交叉并用双手不停地摩擦肩膀

FBI 心理专家发现，当人们面临压力时，通常会手臂交叉并用双手不停地摩擦肩膀。这个动作虽然看起来好像很冷的样子，其实它是一种保护性的动作，可以让自己的内心渐渐平静下来。同时，这也是一种安慰性的动作，以让自己获得安全感。

比如，卫兰刚入销售行业没多久，当她第一次出去见客户时感到非常紧张，并很大的压力。她担心自己会因为表达不恰当而导致客户终止谈话。于是，在客户还没有来之前，她手臂交叉并用双手不停地摩擦肩膀来安慰自己。

不停地打哈欠

FBI 心理专家分析，在社交场合中，当看到某人在压力状态下不停地打哈欠时，则表示此人想借助这个动作来缓解压力，并非是没有睡好的意思。因为当我们感到口干舌燥时，打哈欠能够将压力传递到唾液腺上，此时，嘴巴的伸张就会导致唾液腺释放出水分，从而缓解忧虑、焦躁情绪造成的口干舌燥。

由于网站即将上线，作为技术总监的郭强每天带着手下的员工仔细地修改网站上存在的 bug。因为网站 CEO 曾三令五申地强调，网站上线后绝对不能让受众发现任何漏洞。所以，郭强倍感压力，每天工作时总是不停地打着哈欠，员工都以为他是因为工作紧张而导致睡眠不足。其实他的睡眠并没有问题，只是心理压力太大了。

第十章
FBI 教你通过言谈举止洞察内心

研究表明，通过说话方式往往可以洞察一个人的真实个性和内心活动，因为说话方式是内心想法和情绪最为直接的一种表达方式。

每个人的说话方式都有自己的特点：有的人说话废话连篇，有的人说话言简意赅，还有的人说话风趣幽默。说话方式不同，是由于每个人的个性都不同。

第一节　闻声识人——通过说话声音辨识内心

FBI 收到一宗毒品交易案的线索。可是，当他们到达后，疑犯早已不见踪影。在这种情况下，他们对现场进行了勘查，并对附近的民众进行深入调查，以获取更多有用的线索。

当 FBI 特工询问一个看起来比较清瘦、柔弱的女子时，她沙哑的声音引起了特工的高度注意。他们分析，一般来说，声音沙哑的人有可能是在隐藏自己的真实内心，让人难以捉摸。

于是，特工先试探性地问了她几个问题。特工问道："你最近有没有注意到附近有可疑的人出现呢？"那名女子镇定自若地回答道："没有，我平时都是早出晚归，并没有在意这些。"特工接着又问："在我们到来之前，这附近曾发生了一起毒品交易案，你知道吗？"女子用沙哑的声音简短地回答道："没有。"

虽然这名女子看起来是什么都不知道的样子，但 FBI 特工却认为她相当可疑，这一切有可能是她伪装出来的，同时其他居民也提供了与该女子有关的可疑线索。因此，FBI 特工对其进行了特别的监视。

经过一段时间的监视和调查发现，那名女子经常与一名毒贩来往，而且他们之间交往甚密。于是，FBI 顺藤摸瓜，查到了毒贩的老巢，从而将其一网打尽。

俗话说："听话听音，浇树浇根。"FBI 心理专家表示，通过说话的声音往往能够辨别他人的内在性格和情绪状态。在日常生活中，我们经常会发现有的人说话细如蚊声，有的人说话声如洪钟；有的人说话清脆嘹亮，有的人说话厚重平稳……而不同声音的背后，总是潜伏着一个人真实的性格。案例中 FBI 特工正是通过那名女子沙哑的声音，从而分析其真实的内心状态，继而顺藤摸瓜，抓住了她背后的毒贩团伙。

人们说话的声音不同于动物的嘶吼，动物的吼叫是自然本性的流露，而人们说话的声音则是表达内心想法和情感的方式。当人的内心平静时，说话声音会较为平和；当人处于兴奋状态时，说话声音就会变得高亢和尖锐。因此，通过声音便可以判断一个人的情绪状态。

春秋时期，郑国的国相子产带着随从在外面视察时，听到远处一个妇人在失声痛哭着。子产的随从听了，也不由自主地有些悲伤，可是子产听后却大怒，立刻让人将那名妇人捆绑过来。

随从不解，问他为何要绑一个正在哀伤痛哭的妇人呢？子产解释道：从她的哭声可以听出她并非处于哀痛、悲伤的情绪中，而是感到非常担心和害怕。于是，子产对其严加审讯。果不其然，原来这名妇人竟然伙同奸夫，谋杀了自己的丈夫。

可见，通过他人的说话声音就能辨别其内心想法和个性。那么，还有哪些声音能够帮助深入地了解他人的真实内心世界呢？在此，我们就与 FBI 心理专家一起探究下：

说话声音低沉浑厚

FBI 心理专家分析，说话声音低沉浑厚的人大多身材偏胖。这种声音往往能够镇得住场面，这类人适合做领导，比较有决策力。另外，这类人比较有人缘，容易得到他人的信任。比如，身为主管的萧铭说话低沉浑厚，从来没有领导架子，经常与下属打成一片。因此，他深受大家的欢迎。

说话声音嗲声嗲气

FBI 心理专家分析，说话声音嗲声嗲气的人大多心浮气躁，做事优柔寡断，没有什么魄力。如果男性说话声音嗲声嗲气，其成长的环境多半是在家人的百般呵护下长大的。因此在成人后与女性交往时，他们往往比较含蓄、被动；如果是与女性单独相处，他们则会非常紧张。

曾盼今年已经 30 多岁了，可他说话总是嗲声嗲气的。因此，周围的人称他"娘娘"。可这位 30 多岁的"娘娘"至今还单身，原因很简单：遇到心仪的女生他的表现相当含蓄，从不主动发起爱情的攻势。因此，他的爱情之路一直坎坷不平。

说话声音沙哑

FBI 心理专家分析，对于女性来说，说话声音沙哑的人大多个性比较独立，虽然有些人外表看起来非常柔弱，但内心却很强大，属于外柔内刚类型。这类人往往具有很强的艺术天赋，在绘画和音乐方面有独特的天分，服装搭配尤其在行。不过，她们善于伪装，表面待人礼貌、周到，其实却是逢场作戏，从来不对他人轻易地表露真心，让人感到难以捉摸。比如，案例中提及的与毒贩有往来的女子。

对于男性来说，说话声音沙哑的人多具有很强的耐力和韧性，不怕困难和挫折，而且越挫越勇。另外，这类人大多具有领导风范。不过，他们有时候会自以为是。

说话声音低声细气

FBI 心理专家分析，说话声音低声细气的人性格内向，比较腼腆，缺乏自信，从来不向他人表露自己的真实想法；做事小心谨慎，有很强的警惕性；对人比较宽容，会尽量避免与他人起冲突。

比如，小雅说话一向低声细气，虽然很多朋友都喜欢她的声音，但小雅却非常腼腆，从来不向别人袒露自己的心声。因此，与她共事多年的同事都不怎么了解她。

说话声音坚毅刚强

FBI心理专家分析，说话声音坚毅刚强的人做事大多比较讲原则，是非分明。因此，这类人通常属于领导阶层的人，并且在事业上能取得一定的成就。不过，他们有些顽固，不懂得变通，所以会在工作中树敌较多。

比如，魏峥是运营部的总监，说气话来铿锵有力，掷地有声，昭示他坚毅刚强的个性。可是，由于他不懂得变通，在公司会议上常常因为意见不同而与其他部门的领导层发生争执。因此，他们都不愿与魏峥有来往。

除了通过说话声音的大小能够听出一个人的内心变化外，通过语速的快慢缓急也能辨别讲话者的心理状态：

说话时语速发生转变

当一个口若悬河，说话语速很快的人在面对某个人时突然语速慢了下来，并有些吞吞吐吐。FBI心理专家分析，这可能有两种情况：一是说话者可能有事瞒着对方或是做错了什么事而导致其心虚；二是讲话者对对方可能心怀不满或是怀有敌意。

不过，也有某些特殊情况。比如，当讲话者面对暗恋的对象时，有可能会改变语速，说话就会变得结结巴巴；在公共场合，有些人虽然说话语速较快，但为了引起他人的注意会有意将语速放慢。

语速比较平缓

FBI心理专家分析，语速比较平缓的人大多为人善良、心思细腻，富有同情心，并具有亲和力，属于慢性子。不过，这类人思想比较保守，有些排斥新事物，做事犹豫不决，缺乏魄力。

与这类人相反的是急性子，说话语速较快，如同机关枪似的，容不得他人插嘴。FBI 心理专家分析，一般来说，这类人性格外向，有过人的口才，能说会道，擅长交际。不过，他们性格较为暴躁、易怒，做事比较武断。

严文与严武是两兄弟，可两个人的性格却迥异：哥哥严文是个慢性子，说话慢条斯理，语速较为平稳，是很有爱心的一个人。平日里，总喜欢在小区里喂流浪狗、流浪猫。

而弟弟严武则是个急性子，说话速度较快，就像机关枪。尤其是在交际方面，他简直是如鱼得水，因此在他身边总是有一帮好友围绕。

第二节　口头禅：真实再现一个人的心理世界

FBI特工凯文负责调查一起凶杀案。可是，在对案发现场进行勘查后却没有获得任何有用的线索，这导致他的调查工作进展相当不顺。但凯文并没有放弃，依然马不停蹄地调查着。

正当凯文陷入一筹莫展之际，有个自称能提供线索的人打来了电话，但他却称要当面与凯文谈，而且地点不能在联邦调查局，必须由他来定地方。凯文随即答应了他的要求，并按照对方提供的地址，准时到达一个幽暗的地方。

与凯文见面的是一个小混混，在与他交谈的过程中，凯文发现他习惯使用"这个嘛""那个"等口头禅。因此，凯文分析这个人做事比较小心谨慎，不管做什么事情事先都会进行周密的思考和部署，而且还会为了个人私利而做有风险的事情。

凯文深知，他们这种人是不会白白提供线索的，总想从中捞些好处。于是，凯文递给了他一沓钱。那个人见此，顿时喜上眉梢，悄悄在凯文耳边低语了一会儿。随后，他立刻离开了约谈的地方。

接下来，特工凯文按照那个人提供的线索深入调查，渐渐取得了一些有力的证据，最终，成功将凶手缉拿归案。

在人际交往中，很多人都会习惯性地使用口头禅。比如，"老实说""可能是吧""听说"等。不同的口头禅代表不同人的说话特点，同时，还可以从这些口头禅中看出一个人的性格特征和情绪变化。案例中的凯文特工在与提供线索的人交谈的过程中，根据对方所使用的口头禅判断出他的个性特征，了解其真实目的后因势利导，从而获取了有用的线索，得以成功破案。

那么，还有哪些口头禅能够看出一个人的性格与心理状态呢？在此，我们就来看看 FBI 心理专家是如何分析的：

经常说"对啊""确实如此"等口头禅

FBI 心理专家分析，经常说"对啊""确实如此"等口头禅的人大多比较浅薄、孤陋寡闻，总是喜欢附和他人的观点和想法。另外，他们有时候还有些自以为是，自欺欺人。比如，在读书研讨会上，小雷总是喜欢说"对啊""确实如此"等口头禅来附和他人，从来没有自己的看法和主见。

经常说"但是""不过"等口头禅

FBI 心理专家分析，经常说"但是""不过"等口头禅的人性格大多比较温和，说话较为委婉，与人相处非常融洽。如果与这类人成为恋人的话，通常不会发生激烈的争吵，他们总会展现出谦让的一面。

不过，这类人有时候也有些任性，当发表自己的看法遭到他人指责和攻击时，他们就会用"但是"来为自己辩解，以保护自己。

宋楠的闺蜜给她介绍了一个男朋友。可是，宋楠并没有看上他，而且也不喜欢他总是说"但是""不过"等口头禅。但闺蜜却对她说："相信我，我绝不会让你失望的。"

相处半年后，宋楠很开心地对闺蜜说："你介绍的人果然没错，他对我很包容，我们相处这么长时间，都没有发生过激烈的争吵。"

经常说"也许""可能"等口头禅

FBI 心理专家分析，经常说"也许""可能"等口头禅的人遇到任何事都能沉着冷静地对待，喜欢思考，工作效率比较高。不过，他们不善于表达自己，平常会显得有些沉默寡言。比如，一些做侦查工作的特工遇到事情时都表现得相当冷静和沉着。

经常说"应该""必须"等口头禅

FBI心理专家分析，经常说"应该""必须"等口头禅的人大多比较专制，总希望自己能够驾驭一切，并且有些固执己见，喜欢将自己的想法强加于他人。同时，他们的自信心比较强，做事非常理智，不会贸然下结论。一般来说，这类人适合担任领导职务。

经常说"绝对""肯定"等口头禅

FBI心理专家分析，经常说"绝对""肯定"等口头禅的人大都比较武断，做事草率，不够严谨，而且还有些感情用事。另外，这类人很爱面子，会为了维护自己的面子而向他人夸下海口，总是以"绝对"等口头禅来做保证。

罗勇是个相当要面子的人，经常会为了面子问题而向朋友夸下海口，因此认识他的人渐渐感到他很不靠谱。一次，有朋友拜托他帮忙借8辆宝马车做婚车用，他立刻回答说："绝对没问题，包在我身上了。我保证两天内就能帮你把这件事搞定。"

结果，五天过去了，他却没有办成。最终，朋友只好花钱请婚庆公司解决了此事。自此，朋友再也不愿找他办事了。

经常说"我只告诉你"等口头禅

FBI心理专家分析，经常说"我只告诉你"等口头禅的人往往有些幼稚，其实这类人很难守住秘密，更无法被他人信任。他们这样说其实有两层含义：一是在向对方炫耀；二是以此来讨好对方。

比如，小星总是对同学说："这个秘密我只告你。你瞧，我对你多好。"可那位同学却不信任她，认为自己向她讲什么话，她也肯定会告诉其他人的。

经常说"没问题""有事找我"等口头禅

FBI 心理专家分析，经常说"没问题""有事找我"等口头禅的人大多没什么本事，总是轻率地答应他人的请求，最终有可能误人误事。比如，小胡在公司总是充当"老好人"，只要别人交代他做什么事，他就会回答"没问题"。即使是一些比较困难的事情，他也习惯性地说"没问题"。结果，有些事情他根本胜任不了，最终导致误人误事的尴尬结果。

经常说"简直是""太过分了"等口头禅

FBI 心理专家分析，经常说"简直是""太过分了"等口头禅的人性格比较直率、为人坦白，说话做事从来不拐弯抹角。但他们的脾气有些暴躁，很容易激动和发怒。另外，这类人在一些活动中往往扮演领头人的角色，因此容易被有心计的人利用。

经常说"听说""据说"等口头禅

FBI 心理专家分析，经常说"听说""据说"等口头禅的人处世比较圆滑，总为自己所说的话留有余地。这类人虽然见多识广，可缺少决断力，因此不适合做领导。

公司内部进行主管职位选拔时，甲和乙都在候选人之列。选拔在即，公司领导对甲和乙分别进行了最后一场谈话。在谈话的过程中，领导发现甲习惯说"听说""据说"等口头禅，判断他虽然见多识广，却并不适合做领导，因为他缺少决断力，而且不愿担负太大的责任。结果，乙成为新主管。

第三节　通过说话方式洞察他人真实个性

FBI 接到一起凶杀案。经过反复侦查和取证，他们将目标锁定在某公司的一位高层管理者身上。可是，当他们掌握确凿的证据，想要抓捕他时，凶手却像在人间蒸发一般，怎么也找不到，这让 FBI 特工感到相当沮丧。

不过，FBI 特工并没有放弃，他们依然周密地调查那个凶手所接触的人。一段时间过去了，FBI 特工终于发现了与凶手交往甚密的目标人物：自从凶手消失后，他变得形迹可疑，每天都会在下班后去凶手的公司，在那里待上一个小时之后才回去。

因此，FBI 特工将其带回驻地审讯。可是，这个人在接受讯问时却废话连篇，絮叨个不停，总是避重就轻地回答问题，以此推卸责任。从他的说话方式，FBI 分析他是一个软弱无能且胆小怕事的人，没有责任心，遇到困难总会选择逃避，以此来推卸自己的责任。

于是，FBI 特工决定不再与他多费口舌，而需要对其施加强大的心理压力。在 FBI 特工凌厉的心理攻势下，他很快便屈服了，愿意交代他所知道的一切事实。

根据这个人提供的线索，FBI 特工找到了凶手的藏匿地点——就在公司的一个密室里。最终，FBI 特工成功将凶手缉拿归案。

研究表明，通过说话方式往往可以洞察一个人的真实个性和内心活动，因为说话方式是内心想法和情绪最为直接的一种表达方式。案例中 FBI 特工通过嫌疑人的说话方式分析出他是一个软弱怕事、没有责任心的人，继而改变审讯方式，成功获得有用的线索，最终将凶手缉拿归案。

每个人的说话方式都有自己的特点：有的人说话废话连篇，有的人说话言简意赅，还有的人说话风趣幽默。说话方式不同，是由于每个人的个性都不同。在此，我们就来详细了解一下不同说话方式所反映的真实个性：

避实就虚的说话方式

FBI 心理专家分析，说话方式避实就虚的人往往比较圆滑、世故，容易的事情自己会亲自去做，但稍有困难的事情就会让其他人去做。在人际交往中，与他人交谈涉及实质性问题时就会顾左右而言他，不敢拍板表态，唯恐担责。

所以，如果这类人进入领导层，会错失很多发展机会，导致事业受影响；如果担任公司普通职员的话，这类人往往会基于这种性格，能够搞好自己与同事、领导间的人际关系。

风趣幽默的说话方式

FBI 心理专家分析，说话方式风趣幽默的人为人大多非常机警、灵敏，这也是聪明、智慧的体现；心胸开阔，能够接受他人的建议和意见，并加以改正。一般来说，这类人在工作中比较容易取得成功。而在公共场合中，他们总能引起他人的注意，并成为焦点人物。比如，很多朋友都喜欢与郝佳一起出行游玩，因为她风趣幽默的说话方式总能给大家带来欢乐，让旅行变得更加愉快。

阿谀奉承的说话方式

FBI 心理专家分析，说话习惯阿谀奉承的人非常擅长花言巧语，他们总是利欲熏心，想要得到更多的利益和权力，因此，与领导者交谈时他们极尽谄媚、奉承，以此让自己赢得领导的赏识。不过，有时候也会出现事与愿违的情况。

那么，如何识别那些阿谀奉承之人呢？FBI心理专家建议，不妨从以下三个方面来判断：神色、语言、动作。一般来说，那些喜欢奉承的人表情谄媚，连走路姿势都会模仿自己的领导，说话用词、腔调也与他们所巴结的领导相似。

北宋著名思想家、改革家王安石在实施变法时任用一些新人为官，对此，著名理学家邵雍写信提醒他，关于改革，很多人都有不同的看法：说话难听，让你感到厌烦的人，往往能够在日后帮助你；而那些说话顺你心意，极尽谄媚的人则会在日后落井下石，这种人一定要多加提防。果不其然，后来深受王安石器重的吕惠卿就背叛了他。

口若悬河型的说话方式

FBI心理专家分析，一般来说，说话总是口若悬河的人分为两种：一种是见多识广，只要遇到他们感兴趣的话题，就会滔滔不绝地讲个不停；另一种则是比较能侃，虽然他们总是谈论着当下的新鲜事物、热点，以此向他人炫耀自己懂得很多，但实际上这类人却总是说不到点子上，并无真才实学。

言简意赅的说话方式

FBI心理专家分析，说话方式言简意赅的人做事非常果断、干练，性格较为豪爽；说话坦诚、直接，不喜欢拐弯抹角；不管做什么事情，他们从不拖沓。比如，在文学作品中，那些英雄豪杰都比较喜欢言简意赅的说话方式，对人坦诚、仗义豪爽。

委婉含蓄的说话方式

FBI心理专家分析，说话方式较为委婉含蓄的人大多情感细腻，比较敏感；不愿向他人表达自己的真情实感，更不愿让他人了解自己，而且时常关注别人对自己的看法。因此，这类人往往让人感到不真实、不坦率。另外，由于他们的想法比较多，又不愿向别人吐露自己的真实想法，因此他们常常会变得有些抑郁。

标新立异的说话方式

FBI 心理专家分析，说话方式标新立异的人个性比较鲜明，好奇心比较强，有自己独立的思维；富有挑战精神，喜欢刺激性强的事物；做事总是喜欢独辟蹊径，从而会做出很多令人意外之举。

比如，做设计的唐爽说话方式标新立异，时常会将一些个性十足的话挂在嘴边。做事也是如此，她总是不走"寻常路"：设计大胆、新潮。不久前，她在一次设计比赛中获得了"奇特设计奖"。

人云亦云的说话方式

FBI 心理专家分析，习惯这种说话方式的人往往没有主见，为了保护自身的安全，极少发表自己的观点，因此，他们总是在他人后面发言附和，重复别人的观点和看法。这类人在生活和工作中喜欢明哲保身，浑浑噩噩度过每一天，不会取得什么进步和成就。

第四节　打招呼方式呈现出的心理状态

凌晨，FBI接到一起谋杀案：一位富翁在自己的别墅中被人毒害了。于是，FBI特工立刻赶往案发现场。通过对现场的勘查和细致调查，FBI将犯罪嫌疑人锁定在了富翁的大儿子雅克身上。

据FBI调查得知，富翁有两个儿子，他们分别叫雅克和亨利，两个人都相当有能力，但是富翁却比较中意小儿子，打算日后让他来继承自己的事业。所以，FBI推测，是不是大儿子雅克因此而怀恨在心，将自己的亲生父亲毒死呢？

于是，FBI特工决定先对雅克进行例行调查和询问。第一次见面时，FBI特工表明身份后，礼貌地向他打了招呼："你好！雅克。"可是，雅克在回应时，却一边注视着FBI特工的眼睛，一边点头打招呼，而且他与FBI特工打招呼时，还刻意保持了一定的距离。

对此，FBI特工分析，雅克的这个打招呼动作表明他保持着高度警惕；刻意保持距离也是对人警惕、有所顾忌的表现。这让FBI特工更加断定，雅克必然与这起谋杀案脱不了干系。

经过FBI特工的深入调查发现，在雅克的私人住所中藏有一些含有剧毒的物质，而对其成分进行化验后得知，正是谋杀他父亲的毒药。后来，在FBI的强大审讯攻势下，雅克终于交代了自己的犯罪事实：因为父亲属意弟弟，并有将事业交给亨利继承的想法。因此，他怀恨在心，便将父亲毒杀。

美国著名心理学家斯坦利表示，通过打招呼的方式能够洞察一个人的心理状态以及真实性格。案例中 FBI 特工通过雅克的打招呼动作而推断出他警戒、顾忌的心理状态，推断他必然与谋杀案有关，继而深入调查发现犯罪证据而将其缉拿归案。

在人际交往中，打招呼是一种礼貌、友好的交际方式，也是一种比较简单、直接的礼节。可是，这看似简单而普遍的动作却隐藏着很多东西，它可以真实地呈现出一个人的心理状态和个性特征。在此，我们就来看看哪些打招呼方式和用语能够反映一个人的个性信息：

打招呼时一边注视他人的眼睛 边点头

FBI 心理专家分析，打招呼时一边注视他人的眼睛一边点头，表明此人怀有很强的戒备心。除此之外，习惯这种打招呼方式的人也表示他 / 她希望自己比其他人在地位上更优越。因此，有专家建议，如果与这类人交往，应该格外注意表达自己的诚意。但如果将自己的不足暴露出来，就会被对方瞧不起。

打招呼时不看对方的眼睛

FBI 心理专家分析，如果在打招呼或是应答时不看对方的眼睛，这样的人通常有些自卑，而不是因为高傲、看不起人。比如，自幼在偏远大山中长大的吕伊，虽然在大城市中已经生活了大半年了，但与人打招呼时，她由于自卑，仍然不敢直视他人的眼睛。

打招呼时与对方保持距离

FBI 心理专家分析，打招呼时与对方保持距离的人大都怀有戒备、顾忌之心。当我们与这类人打招呼时，他们还会做出刻意后退三步的动作，表面看来这似乎是谦虚、礼貌的做法，但这个动作常被人误解为冷漠，其实是戒备心强的自我保护反应。如果与这类人交谈，往往让人很难敞开心扉，与其畅谈。

比如，郭俊为了彰显自己的礼貌和谦虚，与他人打招呼时，总是刻意后退三步，这让很多人都认为郭俊为人有些高傲和冷漠。于是，不少人初次与郭俊见面后，就再也不愿与其有进一步的交往了。

初次见面随便打招呼

FBI心理专家分析，初次见面随便打招呼的人虽然显得浪漫、大方，但性情有些懦弱，内心非常孤独、寂寞，很希望能够与他人亲近。另外，这类人在他人眼中往往显得有些轻浮，比较滥情。

酒吧中，一位男士刚刚走进来，就与初次见面的人随便打招呼。虽然他长相帅气，但一些女士并不想与其攀谈。因为在她们看来，这位男士太过轻浮。

除了打招呼方式能够看出他人的个性心理状况外，通过打招呼用语也能洞察一个人的真实个性和心理状态。路易斯维尔大学心理学家斯坦利·弗拉杰经过研究发现，通过打招呼用语，就能判断一个人的性格特点。根据研究结果，他还为我们列举了几种常见的打招呼用语：

打招呼时习惯说"你怎么样"

弗拉杰分析，打招呼时习惯说"你怎么样"的人往往比较自信，总是想要引起别人的注意，爱出风头；做某件事情前会反复考虑，不会草率地采取行动。但他们一旦决定做某事，就会不达目的决不罢休。

在一次聚会上，孙茹的朋友介绍她认识了一位男士。可是，孙茹经过观察发现，那位男士与人打招呼时习惯说"你怎么样"，这让孙茹不愿与其亲近。因为向来低调的孙茹不喜欢出风头，而那位男士却恰好相反，总希望别人能够关注自己。

打招呼时习惯说"喂"

弗拉杰分析，打招呼时习惯说"喂"的人大都直率坦白，充满活力，而且还富有幽默感。这类人比较容易相处，是做朋友的最佳人选。比如，高莉是一个非常直率坦白的人，在人际交往中，她与人打招呼时总是习惯说"喂"。

打招呼时习惯说"你好"

弗拉杰分析，打招呼时习惯说"你好"的人思想较为保守，不愿意追求充满刺激和挑战的生活；对待工作兢兢业业，非常认真。不过，这类人虽然头脑冷静，但反应有些迟钝，不太懂得灵活变通。在日常生活中，很多人都习惯使用这种用语打招呼。

打招呼时习惯说"嗨"

弗拉杰分析，打招呼时习惯说"嗨"的人大都有些多愁善感，为人虽然比较热心，但较为害羞、腼腆。另外，这类人容易感情用事，遇到困难和挫折时往往会不知所措。比如，生性腼腆的林欣与人打招呼时总习惯说"嗨"，打完招呼后，她就会害羞地坐在一边，保持沉默。

打招呼时习惯说"见到你很高兴"

弗拉杰分析，打招呼时习惯说"见到你很高兴"的人性格开朗，待人热情，当他人遇到困难或麻烦时，会毫不犹豫地伸出援助之手。不过，这类人常常爱幻想，并且会沉溺于其中无法自拔。

乔菲是个性格开朗的女孩，与人打招呼总喜欢说"见到你很高兴"。因此，很多认识她的人都喜欢与其亲近。而当朋友遇到麻烦时，乔菲从来不会袖手旁观。

一次，好友想要买房，手头却很紧张，还没有等对方开口，乔菲就热心地说："你买房必然需要一大笔钱吧？如果手头紧张的话，我可以先借给你一部分。"

第五节 谈话内容透露的真实信息

FBI 特工史密斯负责调查一起银行抢劫案。可是，每当史密斯沿着一条线索进行调查时，最终都走进了死胡同，导致案件调查一直进行不下去。这让史密斯非常沮丧，但沮丧归沮丧，他并没有轻言放弃，还是夜以继日地调查着。

功夫不负有心人，经过深入而细致的调查，一个嫌疑人进入了史密斯的视线中。这名嫌疑人曾经有抢劫银行的前科，在史密斯调查的这起抢劫案发生前不久，他刚刚从监狱里面出来。

于是，史密斯特工决定从他着手开始调查。当史密斯与这名嫌疑人进行谈话时发现，他总是不断地转换话题或是将话题扯得很远，而且说话没有条理。当问及与案件相关的内容时，他总是避重就轻地回答问题。

根据他的种种表现，史密斯特工推测这名嫌疑人有可能与自己所调查的银行抢劫案有关。于是，史密斯对其展开深入调查和秘密监视。

果然，没过多久，史密斯发现这名嫌疑人总是出没一些豪华奢侈的场所，这与他的经济条件是相当不匹配的。另外，与他有过频繁接触的人也都是有犯罪记录的人。

后来，在史密斯特工的深入调查和审讯下，那名嫌疑人终于交代了犯罪事实：出狱没多久，他又重操旧业，与一个团伙勾结，再次作案——抢劫了某银行。最终，FBI 特工史密斯将所有犯罪人员一并抓获。

谈话在日常生活中是必不可少的，FBI 心理专家表示，与他人交谈时，人们往往会在说话的过程中不知不觉地暴露出内心的秘密。案例中 FBI 特工史密斯通过嫌疑人的谈话内容分析出他的个性特征，继而对其深入调查和严密监视，最终成功抓获犯罪团伙。

在日常生活中，如果我们细心留意他人的谈话内容，就能从中窥探出说话者真实的心理信息和个性特征。比如，谈话内容总是围绕生活琐事的人比较重视家庭，很懂得享受生活；谈话内容总是围绕自己的人大多有虚荣心，有比较强的表现欲望；总喜欢谈论国家大事的人有着长远的计划和目标。

那么，还有哪些谈话内容能够暴露一个人的真实心理和个性呢？在此，我们与 FBI 心理专家一起探究下：

喜欢谈论金钱

不管在什么情况下，有些人总能谈论到金钱。比如，"这栋房子多少钱、这件衣服大概多少钱"等。对此，FBI 心理专家分析，这类人往往比较现实，缺乏梦想，总认为赚钱才是第一要紧的事，如果身上没有足够的钱，他们就会感到惶惶不安。

另外，在他们的观念中，坚持认为"金钱就是全世界"。即使他们积累了大量的财富，也不懂得满足，生活也不会因此变得快乐、幸福。

喜欢谈论自己

FBI 心理专家分析，谈论内容多围绕自己的人性格比较外向，喜欢表现自己，稍微有点虚荣心。另外，这类人还善于在公共场合向他人表达自己的想法和观点，有领导他人的勇气和魄力。

赵芸初入公司一个多月，但性格比较外向的她与同事聊天时，总喜欢谈论自己。不仅如此，在做专题活动时，她并不会因为自己是新人而不敢发表个人的看法和建议。相反，她总是踊跃地将自己的观点提出来。因此，实习期还没有满，她就已经被转为正式员工，领导还让她做小组长。

喜欢谈论他人的私事

FBI心理专家分析，喜欢谈论他人私事的人往往比较空虚，也没有自己的交际圈和朋友；有较强的支配欲，但缺乏领导能力，通过谈论他人的隐私、丑事来建立自己的优越感。比如，孙乐鑫向来独来独往，身边也没有什么朋友，而他最大的"爱好"就是谈论他人的隐私。

喜欢谈论未来

FBI心理专家分析，讲话内容多围绕未来的人大都比较爱幻想，如果在幻想之后，付诸行动并努力实现目标的人，有可能成就一番事业；但如果总是沉溺于幻想之中，而没有计划和行动，则最终一事无成。

吴维维与人聊天时总是喜欢谈论未来，并常说"我将来一定会发展得很好""将来必然要在某个城市买一套属于自己的房子"等。可是，说完这些"豪言壮语"后，他却从来不付诸行动。因此，他至今还在一家公司做着小职员。

喜欢谈论小道消息

不管是在生活上还是工作中，我们总会看到三五成群的人在一边谈论鲜为人知的小道消息。对此，FBI心理专家分析，这类人大多爱慕虚荣，谈论小道消息，就是希望别人能够关注自己，以满足自己不甘寂寞的心。

喜欢谈论自然现象

FBI心理专家分析，喜欢谈论自然现象的人大多为人处世比较小心、谨慎，并讲究原则；生活非常有规律，比较注重身体健康，因此他们一般没有特别严重的病患。比如，退休后的老李喜欢与他人谈论自然现象，生活也非常有规律，每天都坚持去公园锻炼身体。因此，六七十岁的他看起来却像个中年人，身体状况也非常好。

喜欢向他人倾诉心事

FBI 心理专家分析，如果我们与相识没多久的人交谈，对方却完全不把我们当外人，毫无顾忌地倾诉心事，则表明此人不可深交，因为他们同样会向他人倾诉衷肠。

比如，在一次聚会中，陆昕认识了一位女士。后来，两人只是见过几次面。可是，那位女士却总喜欢向她倾诉心事，这让陆昕很错愕，深知这种人不可深交。因此，陆昕再也不愿与其有来往了。

喜欢谈论生活琐事

FBI 心理专家分析，喜欢谈论生活琐事的人大多比较居家，懂得享受生活，很重视家庭，会将家庭生活处理得非常好；平易近人，与人相处比较融洽。

最近，闫斌的朋友给他介绍了女友。几次相处之后，闫斌发现她很喜欢谈论生活琐事。因此，闫斌非常中意她。因为他知道，这类人往往比较重视家庭，会将家庭生活和人际关系处理得相当好。果然，婚后几年，闫斌一家一直相当和睦。

第六节　从说话特点洞察他人性格特征

审讯室中，两位FBI特工正在审问一名犯罪嫌疑人。可是，那名嫌疑人却一直坚称自己无罪，还说事发当天自己并不在犯罪现场，而是与朋友在外面喝酒，可他却提供不了具体的位置。

因此，FBI特工更加怀疑他。另外，在审讯的过程中，FBI特工从嫌疑人的说话特点也分析出他在隐瞒真相，嫌疑人是个表里不一的人。因为FBI特工与其交谈时，他有好几次都说错话，说完之后他便立刻向特工解释自己的"口误"，声称自己是"不小心"说错话的。

可是，敏锐的FBI特工怎会让他糊弄过去。他们深知，不小心说错的话正是他内心真实的想法，越是想要伪装、压抑它，就越容易暴露出来。

随后，通过FBI的深入调查发现，嫌疑人所说的不在场证据根本就是假的，因为事发当天根本就没有朋友约他喝酒。在FBI特工的轮番审讯下，那名嫌疑人的心理防线终于崩溃了，最终，他对自己的犯罪事实供认不讳。

FBI心理专家指出，通过说话特点可以准确地判断一个人的性格特征和心理变化。因为说话特点是一个人多年养成的生活习惯，与其个性心理有着密不可分的关系，而这种习惯是很难掩饰和改变的。案例中犯罪嫌疑人越是想隐瞒真相，越是容易说错话，在此过程中就暴露了他内心不可告人的秘密，而他的这些表现都被FBI特工尽收眼底，对其严加审讯后，迫使嫌疑人最终交代了自己的犯罪事实。

在人际交往中，如果我们仔细留意他人的说话特点，便可以准确地洞察他们的心理活动和个性特征。比如，说话喜欢夸大或扭曲事实的人为人比较虚伪，考虑问题也不周全；习惯发牢骚、抱怨的人总是追求完美，但这类人有些自以为是；喜欢与人辩论的人往往会得理不饶人，为人非常强势。

在此，我们就来详细了解一下吧：

经常说错话

著名心理学家西格蒙德·弗洛伊德曾说："一切说错的，听错的或者写错的'错误行为'，都是将内心真正的愿望表现出来的行为。"一般来说，人们在说错话之后会迅速进行补救，并为自己的错误表达做解释，其实，这些不小心说出的"错话"代表的正是说话者内心的真实想法。

对此，FBI 心理专家分析，那些经常说错话的人大都是在隐藏自己的真实情绪和想法，越是禁止和约束自己不要将那些话说出来，越是容易在不经意间流露出来。就像案例中的嫌疑人，越是想要隐藏自己犯罪的真相，越是在说话过程中下意识地传递出一些信息。

说话时习惯与人辩论

在日常生活中，我们经常看到这样的人，在与人谈话时总是喜欢与人辩论。对此，FBI 心理专家分析，这类人大都比较强势，交往中有些得理不饶人，总认为自己是非常明事理的，并且喜欢在争辩的过程中赢得胜利。不过，他们的内心往往比较脆弱，为人处世心浮气躁，人际关系也很差，从而导致他们心理上总是处于不安与恐惧的状态中，因此会通过与人辩论来掩饰自己的脆弱，树立强势的形象。

谭华总是喜欢与人辩论，即使是一件芝麻大小的事情，他也会在交谈的过程中不由自主地与人发生争辩。而且，在辩论的过程中，如果对方不偃旗息鼓，谭华就一直辩论下去，直到自己占据上风为止。因此，很多人都不愿与其交谈。

习惯发牢骚、抱怨

在生活和工作中，我们经常会听到很多人随口说出"怎么又这样……""真烦啊""哎……"等抱怨的话。FBI 心理专家分析，这种人大多喜欢追求完美，只要所做的事情没有达到理想中的目标，他们就会不由自主地抱怨、发牢骚，甚至还会将自己的要求强加到他人身上，如果别人也做不好，他们同样会说出抱怨的话。

不过，这类人容易产生畏难心理，一旦遇到困难，就会找理由和借口逃避问题，并将原因归咎于客观因素上，因此他们很难在事业上取得成就。同时，他们还有些自以为是，这导致他们的人际关系比较差，身边没有几个真心的朋友。

习惯说粗话

FBI 心理专家分析，习惯说粗话的人往往是由于内心的欲望得不到满足，进而通过说粗话进行发泄。一般来说，说粗话的通常是男性。因为很多男人聚在一起时，总是喜欢说各种粗话，他们自认为这种说话方式能彰显自己的男子汉气魄。

对于女性来说，如果习惯性地说粗话，则会被人认为没教养。不过，这种表现背后的心理意义与男性是相同的，也是在发泄自己的不满。因此，FBI 心理专家建议，对于他人的粗言鄙语，我们最好充耳不闻。